**FLORIAN
HORWATH**

VOM
ZAUBER
DER
DINGE

VELO

I AM THE MAGIC MAN

I KNOW I CAN
AND I'M SWIMMING AGAIN
I TAKE ANOTHER GLANCE
AND THEN I DANCE

WHEN THE NIGHT COMES
I SLIP INTO A ROMANCE
I'M THE MAGIC MAN

Ich habe meinen Großvater sehr geliebt. Er hat eine Kaserne geleitet, Waschmaschinen hergestellt und die erste Häckselmaschine erfunden, soweit ich das verstanden habe.

Die Modelle davon habe ich zu Hause. Sie würden sich gut in einer Puppenhauswaschküche machen oder in einem Puppenhausgarten oder auf einer Puppenhausbaustelle. Man konnte mit der Samix, so hieß sie, alles Mögliche häckseln, und die Waschmaschine, deren Namen ich vergessen habe (auf dem Miniaturmodell steht keiner drauf), war anscheinend auch sehr beliebt, außer dass mein Großvater einmal einen Brief bekommen hat von einer Frau, die sich beschwert hat, dass ihr zu waschender Pudel beim Schleudergang verstorben ist.

Mein Großvater hatte immer eine Stuttgarter Limousine, und seit dem Umzug meiner Großeltern in unsere kleine Mittelstadt hat er nicht mehr gearbeitet, sondern war »nur« noch Großvater. Ohne ihn wäre meine Kindheit sehr viel weniger heiter gewesen.

Er hat mich zum Tennisplatz gebracht, vom Fußballplatz abgeholt, mir Apfelzuckerl mit Staubzucker aus einer runden Metalldose kredenzt, die er in der Mittelkonsole aufbewahrte wie ein sehr heiliges Heiligtum, und wenn mir eine Laus über die Leber gelaufen war, hat er gesagt:

»Flotschian, du machst das schon.« Und er hat es so gemeint. Er war sich sicher, dass ich es mache. Er hat mir vertraut. Mehr gab es dazu nicht zu sagen.

Mein Großvater hatte seine Firma im bayerisch-österreichischen Grenzgebiet, auf der deutschen Seite. Gelebt haben meine Großeltern auf der österreichischen Seite.
Eine der Lieblingsbeschäftigungen meines Großvaters war das Schmuggeln kulinarischer Köstlichkeiten, mit und ohne Alkoholgehalt. Ich bin oft bei ihm mitgefahren. Es war immer etwas unter dem Sitz versteckt, oder im Kofferraum, da, wo der Ersatzreifen war, das allerdings nur außerhalb des Winters, weil im Winter waren im Kofferraum riesige Waschbetonplatten, damit der Mercedes nicht vom Weg abkommt bei Schnee.
Einmal wurden wir erwischt, also eigentlich mein Großvater. Die Zöllner haben ihn gekannt und sich über den Wein gefreut, und mein Großvater sich darüber, dass ihn alle so gernhaben und er keine Strafe zahlen muss. So war das immer. Wie ein besonders rundlicher Buddha ist er durchs Leben spaziert, nachdem ihm im Krieg an der Eismeerfront eine Granate fast den Schädel weggesprengt hätte. Die Narbe an der Stirn war beeindruckend.
Leider konnte er nicht verhindern, dass meine Großmutter mich erfolgreich von einem Linkshänder zu einem Rechtsschreiber umdressiert hat. Da hat seine Buddhakraft geendet, bei meiner Großmutter. Dagegen war kein Kraut und kein Apfelzuckerl gewachsen. Sie hat sich redlich bemüht, uns ordentlich zu erziehen. Nur war ihr Ordentlich ein anderes Ordentlich als unseres.

Als mein Großvater gestorben ist, war ich gerade fertig mit der Schule. Er hatte sich gewünscht, zu erleben, dass ich den Führerschein mache und wir eine gemeinsame Ausfahrt in seinem Mercedes. Das haben wir noch geschafft. Mein erstes Studienjahr habe ich daraufhin daheim am

Boden verbracht, mit vielen Zetteln und Stiften, und ich habe gemalt und gezeichnet, was, weiß ich nicht mehr. Die Universität hat mich in diesem Jahr der Trauer nicht gesehen.

Mein Vater hat Truhen und Türen aus alten Schlössern gesammelt. Eine der Türen hatte er sich auf seine schmucklose Bürotür montieren lassen, um seine Klienten hinter einem mondänen Entree zu empfangen. Das war dann wie eine panzerfeste Barriere, hinter der sich auf einem ebenfalls sehr alten und sehr schweren Schreibtisch Akten getürmt haben. Auf einer der monströs großen Truhen gegenüber der Türe haben sich weitere Akten gestapelt.
Das Büro selber hatte nichts von einem Schloss, es war in einem nüchtern renovierten Zinshaus in Innsbruck.

Einmal waren bei uns zu Hause im Wohnzimmer, als ich von der Schule nach Hause kam, für meine Kinderaugen abenteuerlich aussehende Menschen, eine Art Großfamilie, mit einem Stapel Teppiche zugange. Nach diesem Tag hatten wir sehr viele Teppiche. (Später hat mir mein Vater erzählt, dass die Familie leider fast geschlossen ins Gefängnis gewandert ist. Es hätte »Unregelmäßigkeiten« gegeben.) Besonders toll war ein burgunderroter Teppich mit Vogelornamenten. Ich hatte das Gefühl, dass diese Vögel unterschiedliche Stimmungen haben konnten, anders als die Fabelwesen auf den Granitplatten im Vorzimmer. Die blieben immer gleich steinern. Und irgendwann habe ich mich auch nicht mehr vor ihnen gefürchtet. Für Uhren hat sich mein Vater, im Unterschied zu meinem Großvater, nie interessiert. Mich hat die Geburt von Swatch entflammt. Mit 15 war ich kurzfristig Swatch-Meisterdealer in unserer kleinen Mittelstadt.
Ich hatte zwei Quellen, die mir auch die ganz seltenen Modelle zum Listenpreis gegeben haben, weil sie mich für nett, harmlos, wohlstandsverwahrlost oder alles drei

hielten, und für einen gut- und immer identisch gekleideten (Invicta-Rucksack, Barbour-Jacke, Timberland-Bootsschuhe – und irgendwann: Swatch) italienischen Tagestouristen.

Adjustiert wie ein Triebtäter mit drunter was an habe ich mich mit meinem beigen Trenchcoat zum Altstadteingang gestellt, zur dortigen langgeschalteten Ampel, und bei jeder Gruppe auf Grün wartender »Tschingala«* meinen Mantel leicht geöffnet. In den opulenten Innentaschen waren die originalverpackten Swatch kredenzt und oft innerhalb von fünf Minuten alle verkauft, nicht zum Listenpreis, versteht sich.

Wie es sich für einen erfolgreichen, sehr jungen Jungunternehmer gehört, kam zum sich anbahnenden Reichtum schnell Größenwahn dazu. Friseursalons und Antiquitätengeschäfte (!) als großflächige Auslagen für meine Swatch-Uhren, ein stark oszillierender und von fragilen modischen Strömungen bestimmter Markt, eine rasch einsetzende Überflutung desselbigen und die dem jugendlichen Überschwang geschuldete einäugige Blindheit von einem, der auszog, die Welt mit bunten Uhren zu retten, führten zu fatalen Fehlinvestitionen. Kurz nachdem ich endlich sämtliche Familienmitglieder dazu gebracht hatte, in meine Uhren zu investieren, natürlich zum Listenpreis, kam der große Swatch-Börsencrash. Aus heißem Scheiß wurden kalte Ladenhüter; was anfänglich jeder wollte, wurde zum Inbegriff der Entbehrlichkeit. Mein Zimmer und das Schlafzimmer meiner Eltern wurden zu Mausoleen für Plastikuhren, und irgendwann konnten sie auch nicht mehr schnell genug kaputtgehen, als dass man die Berge von laut tickendem Sondermüll zumindest als Lebensversicherung in Sachen verlässlicher, wasserdichter Zeitmessung interpretieren hätte können.

Bis heute erbarmt sich ab und an ein Familienmitglied und schnappt sich eines der inzwischen vergilbten Geräte, jedoch ist inzwischen sicher, dass die Anzahl an Generationen, die es bräuchte, um den Berg abzuarbeiten, die Halbwertszeit der verwendeten Kunststoffe nicht übersteigen kann. Also selbst wenn wir und unsere Kinder und Kindeskinder sehr viele weitere Kinder zeugen und alle jedes Jahr eine neue Swatch aus dem Fundus bekommen, wird es Nachkommen geben, die dies nicht erleben, weil die Dinger bis dahin zu Staub zerfallen sind.

Dieses juvenile Trauma jedoch hat mich nicht davon abhalten können, immer weiter und immer tiefer in die wundersame und grausame Welt des Jagens und Sammelns hinabzusteigen.

Eher im Gegenteil. Die Unvernunft ist ein Hund.
Ich liebe sie.

AUTOS 1

Ich habe meinen Vater beim Sterben begleitet. Das ist noch nicht lange her und war eine der wichtigsten und schönsten Sachen in meinem Leben bisher. Sein letztes Telefonat haben wir gemeinsam geführt, im Krankenhaus. Es war mit einem adeligen Herrn aus Südtirol, der Schlösser wiederbelebt, und es ging um die Finalisierung des Verkaufs seiner Möbelsammlung. Am Ende war der Preis weniger wichtig als der Ort, wo sie hinkommen, die verrückten mittelalterlichen Türen und Truhen und Kommoden. Mein Vater wollte immer, dass alles zusammenbleibt, so wie bei unserer Familie. Zusammenbleiben was his middle name, in guten wie in schlechten Zeiten. Und Gott hat ihm viel mehr geholfen, als ich lange Zeit wusste. Dass es da etwas gibt oder einen gibt, das hat ihn durch die Schmerzen der letzten Jahre getragen. Gott ist Liebe, hat er mir gesagt, als ich ihn gefragt habe, wer Gott für ihn ist.

Dieses letzte Telefonat war für meinen Vater auch ein Stück Gott. Er wollte, dass das geregelt ist mit den Möbeln. Er wollte, dass sie einen guten Platz haben, zusammen, und dass sie geliebt werden. Dass dort im Schloss ein Schild hängen würde, auf dem »Sammlung Horwath«

oder »Sammlung Dr. Horwath« oder »Sammlung DDr. Horwath« steht, war vielleicht sein eigenes Stück Gott. Verewigt in einem Schloss. Er hat die Dinge lange nicht loslassen können, die er zusammengesammelt hatte. Und irgendwann ist es dann doch gegangen, kurz bevor er gegangen ist. Sein altes Stuttgarter Cabriolet hat er mir schon davor gegeben. Er konnte es nicht mehr besteigen, und die pragmatische Lösung war, es mir zu schenken. »Das Problem habe ich gelöst«, hat er danach zu mir gesagt. Gott ist pragmatisch. Das hat mir geholfen, das Auto nicht bis ans Ende meiner Tage – umhüllt von nostalgischer Trance – aufzubahren, sondern es als das zu nehmen, was es ist: ein herrliches Auto ohne Fetzendach, dafür mit zweieinhalb Sitzen, mit dem man entweder nur vier-, fünfmal im Jahr fahren kann, oder in Kauf nimmt, dass man manchmal zum Fisch im fahrbaren Aquarium wird, oder unter einer Brücke übernachten oder auf einer Autobahnraststätte sehr viele Kaffees trinken muss, bis wieder die Sonne scheint. Meine Familie hasst das Auto. Sie hat meinen Vater geliebt, aber dafür brauchen sie kein Auto, um daran erinnert zu werden. Von Anfang an haben sie klargestellt, dass keiner von ihnen jemals dieses Auto besteigen wird. Umso mehr nicht, als dass es nicht einmal Nackenstützen hat, geschweige denn Gurte. Bei unserem vorletzten Spaziergang – der letzte war gemeinsam mit meinem Sohn, ein Drei-Generationen-Männerspaziergang – habe ich meinem Vater bei einer kurzen Rast erzählt, dass ich überlege, das Auto zu verkaufen. Er hat dazu nur gemeint: »Schau, dass du einen guten Preis kriegst.«

Ich habe das Auto noch immer
und werde es auch nicht verkaufen.

Stattdessen habe ich mir noch eins gekauft, diesmal mit Fetzendach. Die Reaktion meiner Familie war ähnlich wie beim Papamobil. Dass dieses jetzt wirklich nur zwei

Sitze hat und nicht zweieinhalb, hatten sie da noch gar nicht bemerkt. Erste Reaktion: endgültig übergeschnappt! Geld zum Fenster raus – trotz meines elaborierten Präventionsvortrags, dass dieser Kauf eine absolute steuerliche Notwendigkeit war. (Zitat Frau: »Da frag ich deine Steuerberaterin!«) Also, Autohass again. Dem vorausgegangen war, dass meine Frau, während ich mit dem ausgefuchsten Herrn Verkäufer beim Versicherungsmann in Sachen Ummeldung saß, dass meine Frau also dieses liebreizende, wilde Gerät, das ich gerade im Begriff war, in Besitz zu nehmen, Detlef getauft hat. Wegen der gleichen Anfangsbuchstaben des Fahrzeugmodells Defender.

Was den Verkäufer wiederum fast dazu veranlasst hätte, mir das Auto wieder wegzunehmen. Gegenwind, Gegenwind.

Schnitt. Sprung.

Das mit den zwei Sitzen hat sich im Laufe der Zeit verspielt, meine Frau ist inzwischen in Detlef verliebt, ich sehe ihn kaum, und sogar unser Sohn steigt mit stillem Wohlwollen ein. Seit der anhaltenden Begeisterung anderer schrumpft seine Überzeugung, dass der Vater nur unnötigen Schrott herankarrt. Zitate: »Wenn mein Vater mit so einem Auto dahergekommen wär, wär ich ausgeflippt!«, »Mit so einem coolen Auto würd ich auf jeden Fall den L 17 Führerschein machen!«, »Wenn die Reifen fertig sind, könnts ihr euch richtige fette mit gscheiden Stollen draufgeben, fürs Gelände!«

Jedenfalls heißt er längst offiziell Detlef und ist so etwas wie das Familienmaskottchen.

Dafür, dass wir überlegt hatten, gar keins mehr zu haben, haben wir jetzt ganz schön viele Autos. Angewandte jugendliche Logik. Unser Sohn würde es so machen, hat er gemeint: Mutter Detlef, er den tapferen Panther-Arbeitsgaul und ich den unnötigen Wasserschlachtkübel in der Garage. Gott ist pragmatisch.

Und wer bekommt den Bus, den ich immer schon wollte? Vielleicht meine Schwiegermutter. Ich habe sie vor Kurzem von ihrer Kur nach Hause gebracht. Ihr hat er auch gefallen, Detlef der Defender. Wie ein Traktor, hat sie gemeint, und dass ihre Bekannten auch so einen hätten, auch einen Efendi.

»Jetzt heißt er Detlef Efendi, findi«,
habe ich darauf meiner Frau geschrieben.

JACKEN 1

I'M FADIN' OUT INTO THE SILVERY LIGHT
MY MEMORIES ARE FLOATIN' AWAY WITH THE TIDE
I'M GUIDED BY VOICES THAT I WANNA HIDE
JUST TAKE ME TO MY PARADISE TONIGHT

Ich kann mich an nichts aus meiner Kindheit und Jugend erinnern, außer an gefangene und fast gefangene Fische – und an meine Jacken.

Ich weiß noch genau, wie sie riechen, wie sie sich getragen anfühlen, wie die Nähte ausschauen und was dazu führte, dass ich sie oft, immer oder nie angezogen habe. Dafür waren Faktoren wie Länge, Fall der Kapuze, Schließfreudigkeit des Zips, Kompatibilität mit Umständen und Hosen und Schuhen, aber ganz bestimmt nicht Wasserdichtigkcit, Wärmung oder generelle Praktikabilität relevant Wenn ich durch die Tiroler Klein-/Mittelstadt gewandert bin, aus der ich komme, dann wollte ich mir nur die Auslagen der Modegeschäfte anschauen. Ich wollte sie am liebsten auffressen, die ganzen schönen Jacken. Sommer war eine traurige Jahreszeit, da gab es keine Jacken in Auslagen, zumindest früher nicht. Zum Glück war ich da immer am See, im Süden. Da habe ich dann nicht an Jacken gedacht, sondern an Fische.

Jedenfalls gab es in unserer Stadt viele verschiedene Auslagen. Zum Beispiel die sportiven, für alle, die auf den Berg hinaufhirschen oder so ausschauen wollten, als ob sie das täten. Als das Snowboarden erfunden wurde ...

* * * * *

EXKURS

Ich habe mich immer für etwas Besonderes gehalten. Das klingt jetzt sehr schlimm, wenn ich das so schreibe, aber es war so. Ganz egal, was ich mache, irgendwann werde ich sehr berühmt sein und/oder erleuchtet, davon war ich überzeugt, und ich bin es immer noch, meistens zumindest. Was berühmt und was erleuchtet ist, darüber mache ich mir weiterhin Gedanken, und dass berühmt vielleicht nicht unbedingt gleichzusetzen ist mit »alle auf der Welt kennen mich«, und dass erleuchtet nicht unbedingt bedeutet, mit einem sichtbaren Heiligenschein herumzulaufen, darauf habe ich mich inzwischen mit mir selbst geeinigt. Wohl auch, um das bisherige Nichteintreten dieser beiden Umstände auszuhalten.

Immerhin hat mir vor langer Zeit ein weiser Weissager aus Indien prophezeit, dass ich einmal sehr erfolgreich sein werde, spät, so mit Mitte 50. Darauf bin ich gespannt und vorbereitet. Dressed for Success sozusagen. Er hat auch gemeint, dass ich ein guter Lehrer wäre. Das fand ich damals nicht so prickelnd. Sehr viele Jahre später bin ich dann in einer privaten Volksschule gelandet – als Lehrer.

```
I WAS DRESSED FOR SUCCESS
BUT SUCCESS IT NEVER COMES
AND I'M THE ONLY ONE WHO LAUGHS
AT YOUR JOKES WHEN THEY ARE SO BAD
AND YOUR JOKES ARE ALWAYS BAD
BUT THEY'RE NOT AS BAD AS THIS
```

* * * * *

… bald nachdem das Snowboarden erfunden wurde, hatte sich in unserer Klein-/Mittelstadt der weltweit größte Fabrikant von Snowboards und dementsprechender Gewandung angesiedelt. Und weil es niemand konnte, war es leicht, es schnell ein bisschen zu können und dann gleich gesponsert zu werden. Meine erste Jacke war knallgelb-schwarz, mit Blocklogo, Kopfeinstieg und seitlichen Zips. Ein Schneehemd also. Riesig weit und absolut wasserundicht. Was mit dieser Jacke passiert ist, werde ich nie erfahren. Irgendwann war sie einfach weg. Und im Unterschied zu den vielen anderen Jacken, die im Laufe der Jahre aus meinem Elternhaus verschwunden sind, glaube ich bei dieser Jacke die Geschichte, dass sie ganz bestimmt nicht im Altkleidersack gelandet sei, nicht.

Sie hat sich woandershin aufgemacht,
an einen besseren Ort, in einen schönen Hafen,
zu einer Oase, auf eine weiße Welle.

JACKEN 2

Die andere zentrale Jackensache war die mit der Jacke mit dem Springer am Rücken.

Ob es tatsächlich ein Springer war, habe ich nie ganz verstanden. Jedenfalls war es der Torso eines von hinten abgebildeten Wesens mit seitlich nach oben ausgestreckten Armen. Obwohl eigentlich in einer Gegend angesiedelt, die mir als Tiroler – mit den Deutschen hatten wir's nicht so – naturgemäß zuwider sein hat müssen, war ich vom Logo dieser Windsurfingleute dermaßen elektrisiert, dass ich es später flächendeckend auf die Motorhaube meines ersten Autos, einem von meiner Mutter übernommenen, weißen 1er Rabbit, geklebt habe. Quasi larger than life und schlimmer than a playboy bunny am Kühler.

Vielleicht hat mich der Springer auch deshalb so gefesselt, weil er mich unbewusst an Jesus am Kreuz erinnert hat, was meinen überzogenen Moralvorstellungen zupassgekommen ist.

Die Jacke jedenfalls war außen mittelaubergine- und innen osho-orangefarben, und hauchzartes Fleece, mit einem feinen Zip, Kapuze und der perfekten Passform für alle Eventualitäten. Ich habe sie immer getragen. Im Schnee, im Sommer, in der Disco. Die Disco war eher ein Gothikpunkkeller, wo man mir mit so einer Adjustierung normalerweise zur Begrüßung ein paar Jägermeister drübergegossen hätte. Nur war in unserer Stadt damals das Snowboarden größer als das Punksein, was im Punkkeller zu einer gewissen Ausgewogenheit zwischen Niete und Techwear geführt hat, zwischen Dead Kennedys und Beastie Boys. Ich mochte beides, und nachdem ich mindestens ein Jahr lang am Türsteher gescheitert war, hatte ich begonnen, dort Platten aufzulegen – in der Springerjacke, versteht sich.

Der Punkdiscokeller wurde ihr zweites Zuhause, ihr aber leider auch zum Verhängnis. Es war warm und feucht da unten, ich habe sie natürlich trotzdem nie ausgezogen, weil uncool, sie mir dafür aber, aufgrund aufgestauter bierinduzierter jugendlicher Überhitzung, direttissima im Nachtbus vom Leib gerissen – und liegen gelassen. Ich habe alles versucht, mit allen Busfahrern gesprochen und mit allen Verkehrsbetrieben in der kleinen Mittelstadt – es war einer – telefoniert. Nichts. Weg. Mordgelüste. Racheszenarien. Drei Tage wach. Weltschmerz. Selbstbezichtigung. Trübsal. Trauerflor.

Manchmal schaue ich immer noch auf den einschlägigen Sekundärmarkt-Websites nach, ob sie nicht doch noch wo auftaucht, oder zumindest eine wie sie.

Eine weitere Spezialität meiner Besessenheit war es, nach dem erfolgreichen Aufspüren eines Objekts der Begierde meine gesamte Familie – samt sämtlicher Großeltern, versteht sich – so lange zu quälen, bis ich ihre Gegenargumente (»Du hast doch schon eine Jacke«, »Für so etwas kann man nicht so viel Geld ausgeben«, »Du hast doch letztes Jahr schon eine bekommen«, »Wie viel? Auf keinen Fall«) erfolgreich zerschmettert hatte. Durch »Du bist so intensiv!«-Sein (so meine Mutter) und das Versprechen, mir nie wieder (vorsätzliche Lüge) etwas zu wünschen und auch sonst nichts anderes zu wollen dieses Weihnachten. Am Schluss haben alle entkräftet zusammengelegt und ich habe die Jacke bekommen, immer. Hilfreich dabei war wohl auch, dass meine Schwester, bei der Weihnachten und Geburtstag zusammenfallen, sich jedes Jahr beschwert hat, dass sie zu wenig bekommt, was wiederum dazu geführt hat, dass unsere Eltern aus schlechtem Gewissen sichergestellt haben, dass es insgesamt auf beide Feste hochgerechnet bestimmt nicht zu wenig ist, im Gegenteil – und das hat wiederum zu dem schlechten Gewissen geführt, dass meine Schwester zu viel bekommen könnte und so wurde in den sauren Jackenapfel gebissen, um mir wiederum keine Argumente für die »Unfair, sie kriegt mehr als ich!«-These zu liefern.

Gewonnen. Jacke vom italienischen Jackendesignergott Massimo Osti bekommen. Recht groß zwar, aber war die letzte erhältliche Größe. Recht schwer zwar, weil ein herausknöpfbares Innenfutter aus Walk, das zugleich als eigenständige Jacke getragen werden konnte (ein wichtiges Argument für die Familie – würde nur nie passieren, weil allein hässlich). Recht steif zwar, weil Außenmaterial wie gefrorenes Öl, auch von der Farbe her. Ultrawasserdicht und auch ultraknirschig. Nichts für die Pirsch und nichts für ein unauffälliges Langsam-den-Arm-um-ein-Mädchen-Legen.

Bei nüchterner Betrachtung war von vornherein klar, dass die Jacke zwar ein Wahnsinn war, aber zu groß und für praktisch alles völlig ungeeignet. Sie ist deshalb auch fast volley im Archiv in der Garage unseres Hauses gelandet. Getragen habe ich sie damals nur aus schlechtem Gewissen und/oder damit nicht irgendwelche Verwandten sich fragen, warum ich denn die alte – oder besser eine alte – Jacke trage und nicht die tolle neue.

Diese Jacke hat die geleugnete und permanente Altkleiderentsorgungsmanie meiner Mutter überlebt. Wahrscheinlich auch, weil mein mich quälendes Gewissen mich dazu veranlasst hat, sie überallhin mitzuschleppen, und wenn ich nur ein paar Tage auf Trainingslager für irgendeinen der vielen Sporte war, die ich damals betrieben habe und zu betreiben hatte. In den 80er-Jahren gab es keinen jugendlichen Müßiggang!

In meiner Zeit des Ausgestattetwerdens von der amerikanischen Snowboard-Marke, die sich in unserer kleinen Mittelstadt angesiedelt hatte, hatte die eine Linie entwickelt, die hieß »Analog«. Der Plan war, glaube ich, Streetwear und Funktionsgewand zu kombinieren und mit Lustigkeiten wie Kopfhörerkabeltunnel, die von der Innentasche in die Kapuze reichten, auszustatten, oder gleich die Kopfhörer miteinzubauen und ganz viele Taschen mit ganz vielen Funktionen anzubringen, von denen keiner wusste, was die Funktionen eigentlich genau waren und in welche Tasche der Skipass sollte, weswegen man dauernd herumsuchen musste oder sich verbiegen, damit das Liftdrehkreuz aufging. Von denen bekam ich auch welche. Mir waren die aber ein bisschen zu firlefanzig. Schick ja, aber auch ein bisschen affig. Oder ich hab mich einfach nicht getraut, zum Beispiel eine superfette, kurzgeschnittene, rotschwarze XXL-Daunenjacke mit abzipbaren Ärmeln oder einen taubengrauen Daunensteppparka mit metallenem Riesenanalogschriftzugabzeichen auf der Brust zu tragen.

Damit kein Problem hatte, weil wurscht, mein Vater. Ich habe ihm die Jacken vermacht und er hat sie geliebt. Und ich habe mich gefreut, dass er sie liebte, viel mehr, als wenn ich sie gehortet und in der Dunkelheit eines überfüllten Jackenschrankes vor Motten abgeschirmt hätte. Es gibt viele Familienbilder von meinem Vater mit Kindern und Enkelkindern, auf denen er diese Jacken trägt. Sie waren ihm alle ein wenig zu groß, aber das war egal, ihm sowieso und auch überhaupt. Irgendwann war er dann zu schwach dafür, die Jacken ihm zu schwer, und er ist auf Softshell und leichte Daune oder Mantel umgestiegen. Jetzt ist er tot und die Jacke wieder bei mir, und wenn ich angeln gehe, trage ich sie, denke manchmal an ihn und er ist dabei, irgendwie.

Wahrscheinlich hat sich das mit den Jacken bei mir einge-schlichen, weil ich meiner Mutter nah sein wollte. Die hat auch viele zusammengesammelt. File under »Jet Set«.
Der Gedanke ist mir aber erst sehr viele Jahre nach der Entsorgung meiner Jacken durch meine Mutter gekom-men und unter tatkräftiger Zuhilfenahme professioneller Lebensdurchleuchter.

Wie auch immer, die nächsten 30 Jahre habe ich weniger den multifunktionalen Jacken der amerikanischen Snow-board-Marke gewidmet, als darauf verwendet, mich der recht großen, ultraknirschigen Jacke vom Jackendesigner-gott in unregelmäßigen Abständen und auf unterschied-liche Weise anzunähern. Innenjacke raus, allein tragen probieren, nur Außenhülle tragen probieren, dekorativ wo hinhängen, Freunden borgen, reinigen und auf be-ginnende Brüchigkeit untersuchen, sie mir schönreden zwecks behalten (»Die bekomme ich nie nie wieder. Jetzt habe ich sie schon so lange aufgehoben. Vielleicht wird sich unser Kind ja doch irgendwann einmal für Mode interes-sieren.«) oder schlechtreden zwecks hergeben (»Ich wusste es ja eigentlich schon immer, sie ist mir zu groß und sau-unpraktisch. Jetzt ist ein guter Zeitpunkt, sie zu verkau-fen, die Marke wird gerade wieder gehypt.«). Schönreden hat gewonnen, sie ist über 30 Jahre an mir klebengeblie-ben wie die Feder auf dem Teer, wie die Eintagsfliege auf dem geringelten Klebestreifen.

Bis zum Tag X. Die ehemalige Plattform meiner Träume, deren einer der allerersten Nutzer ich war (deshalb ist mein Nutzername dort auch einstellig und ohne Sonderzeichen), hatte gerade begonnen, die Archivteile meines Lieblingsjackendesigners Massimo Osti teuer werden zu lassen, und ich war massiv geldlos.

Die ewige Amplituden-Wippe Indie-Musiker vs. Designerware-Lebemann hatte mich wieder einmal ganz nach unten befördert, ins Tal der brotlosen Musikanten, bis ganz knapp vor den Fahrstuhl zum Schafott.

Also Bilder von der Jackengott-Jacke gemacht, mittelschlechte, möglichst irrsinnige und größenwahnsinnige Beschreibung verfasst, »unique«, »once in a lifetime«, »grail«, »iconic« …, monströsen Preis ausgerufen, auf die Lauer gelegt, in der leisen Hoffnung, dass keiner anbeißt, und das hat dann auch keiner, so lange, bis die Wippe sich schon fast wieder aufgemacht hatte, Richtung Gleichgewicht zu schwingen (Komponierauftrag, für eine Werbung Astronaut gespielt, andere Jacke gut verkauft …), und dann plötzlich ging doch einer ins Netz, vermeintlich. Diese Designerwaren-Dealerei ist wie Angeln. Warten, warten, warten, hoffen, warten, warten, Hoffnung aufgeben, Biss, Fang. Oder auch nicht.

Da war schnell klar, dass der Interessent, ein englischer Fuchs, selber ein Angler war. »Ich habe genau diese Jacke schon einmal, aber die aus der früheren Kollektion. Deine ist aus einer späteren, das sieht man an der Farbe und an der Seitennaht und an den blablabla. Ich biete dir X.« »Nein danke, ganz lieb zwar, aber dein X ist mein X durch 4, das reicht nicht ganz.« Finito. Leichenfledderei, eine hässliche Angelegenheit.

Lage erholt, Jacke trotzdem online feilgeboten gelassen. Weil, wenn man einmal über die Schwelle gestiegen ist, in die virtuelle Warenwelt, mit der geliebten Sache, sie dort hineingelegt hat, dann ist sie gewissermaßen schon weg. Dann hat man sie von sich abgetrennt, weggeschnitten, fortgejagt, sie betrogen. Oder vielleicht einfach nur klarer gesehen. (So ein scheißvernünftiger Satz!) Sobald man über die Schwelle ist, ist es vorbei. Game over. Tschüssniewski! Und eigentlich hat man es schon immer gewusst, dass sie nicht ganz gepasst hat, man hat es sich gewünscht und eingeredet, aber es war irgendwie falsch. Es muss im Richtigen auch etwas Falsches geben dürfen, nur muss es das richtige Falsche sein. Dann ist das Falsche der Freund des Richtigen. Wenn es aber etwas richtig Falsches ist, dann ist alles falsch, auch wenn darin etwas Richtiges ist: Ein bisschen zu groß ist okay, ein bisschen zu klein nicht, ein unangenehmer Stoff ist nicht okay, ein kleiner Fleck schon, wobei grenzwertig, ein falscher Zip ist nicht okay, ein richtiger Zip, der nicht zugeht, ist okay. Okay?

* * * * *

BREAKING NEWS

Befinde mich gerade in einem Disput mit einem jungen Jacken-Goldgräber. Der erzählte mir digital – nachdem er mir eine Jacke unter sehr fragwürdigen Umständen abgeluchst hatte, inklusive Mitleidseffekt, behaupteter Naivität, geheucheltem ehrfürchtigen Interesse –, dass er gerade 18 ist. Seither versuche ich die Jacke zurückzubekommen und habe ihm sehr viele 100 % mehr geboten, als er mir damals bezahlt hatte. Seine Nachricht als Replik auf einen weiteren Vorstoß meinerseits gestern Nacht:

»Move on, you decided to sell it. I don't want to sell it. Grow up. Find god.«

(Inzwischen wieder verworfene) Antwortoptionen:

»Maybe you should look for god.«
»Maybe you should look for god, greedy kid.«
»Maybe you should look for god, sneaky greedy kid.«
»Maybe you should look for god, little prick.«
»Learn respect.«

Vielleicht antworte ich einfach nichts.

* * * * *

Jedenfalls hatte ich irgendwann fast vergessen – wegen der zwischenzeitlichen finanziellen Erholung –, dass die recht große, zu viel zu große, als dass es noch okay gewesen wäre, Jackengottjacke noch immer in der digitalen Auslage hing. Bis sich jemand kurz und knackig gemeldet hat, mir glaubhaft erläuternd, dass das Gerät zwar toll und selten, aber trotzdem nicht so wertvoll sei, wie ich gern hätte, und sie mir dann ohne jegliches Drama um ein bisschen Geld abgekauft hat. Eingepackt habe ich sie räudig wie alles immer – ich behaupte dann vor mir selbst und gegenüber Käufern, sollten sie sich darüber beschweren, dass es besser ist, wenn etwas Wertvolles in einer abgeranzten Verpackung verschifft wird als in einer noblen, weil sich dann keine UPSFEDEXHERMESPOSTDHLGLS-Fließbandmitarbeiter oder -Ausliefermitarbeiterinnen denken, das könnte doch jetzt auch einfach da runterfallen und weg sein, und auf Fliederstauden.

Nie vermisst, fast nie mehr dran gedacht.
Don't look back in anger.

»Anger« steht auf meinem Hyperdesigner-Vintage-T-Shirt, das verwaschen-tote-Tauben-taubenblau ist und voller Farbspritzer. Es soll dem Brachialfilmemacher Kenneth Anger huldigen. Dieses Shirt ist das einzige Stück, das ich mir je unrechtmäßig angeeignet habe. Ich habe es natürlich auf der Sekundärmarkt-Plattform meines Vertrauens gekauft, die, wo ich Ein-Buchstaben-Username-Gründungsmitglied bin und die inzwischen sicher schwerreichen venturekapitalisierten Chefs aus einer Zeit kenne, als man noch persönlich miteinander verhandelt hat. Sie haben nicht nur verkauft, sondern auch viele Fetzen von mir gekauft, um sie später in kuratierten und konzertierten Special Sales weiterhauen. Dabei war ihnen der Marketingwert wichtiger als die Rendite, weil sie meistens weniger verlangt haben, als sie mir gezahlt hatten. Ein sozialpolitischer Auftrag im turbokapitalistischen Start-up-Wirbelsturm.

Das Anger-T-Shirt war teuer, weil geil, ist aber nie bei mir angekommen. Nach einigen Monaten habe ich meinen alten Freunden von der Plattform mitgeteilt, dass das Paket wohl zu schön verpackt war und irgendwo runtergefallen sein muss. Woraufhin die in alter Verbundenheit ohne lange Faxen eine Rücküberweisung veranlasst haben. Danke. Ungefähr fünf Monate später ist dann ein inzwischen schwer ramponiertes Paket bei mir angekommen. Anger? Glückseligkeit!

Ob ich zwischenzeitlich mehr Zeit und Herzblut in meine Indie-Musiker-Karriereplanung oder vielleicht sogar (uff!) die Musik selber hätte stecken sollen, als schöne Dinge zu jagen und zu sammeln, weiß ich nicht. Wieder: *Don't look back in anger.* Oasis sind übrigens auch ganz vorn dabei in

Sachen gute Jacken. Die haben sich aber, glaube ich, eher mit anderen Dingen abgelenkt.

Was so war, war so. Und es war so, dass ohne Wheeling und Dealing irgendwann nur mehr Schulen oder adrenalininduzierte Zuckergetränk-Konzerne meine Arbeitsstätten gewesen wären, und ich das mit der Musik an den Nagel der Vernunft hätte hängen müssen. Und das wollte ich nicht. Weil Musik als Hobby will ich nicht. Hobby kann ich generell nicht.
Meine weisen Freunde Charlotte und Sven haben einmal gesagt: »Mach einfach immer weiter!« Das habe ich mir zu Herzen genommen. Dass sie auch gesagt haben, ich müsse daneben auf jeden Fall arbeiten, habe ich immer wieder neu verdrängt, nachdem ich dem nächsten Pädagogikjob oder dem nächsten Managerjob oder Werbemodeljob (Astronaut, Bauer, Paparazzo, Familienvater) entstiegen war.
Deshalb: weiter Wheeling und Dealing.

Einmal habe ich ein Shooting für Fotos mit meiner bisher einzigen Band einberufen. Die Band wollte ursprünglich keine Band mit mir sein, sondern, so wie immer, nur Begleitband, Mitmusiker ohne Verpflichtungen. Ich weiß noch immer nicht, ob ich sie unabsichtlich dazu gezwungen habe, mit mir eine Band zu sein, oder ob sie zu höflich, zu faul oder beides waren, um mir zu widersprechen. Jedenfalls hatte ich tolle Ideen für Bandnamen, war entflammt für das Gemeinsame und die Basisdemokratie – bis wir uns auf einen Namen geeinigt hatten. Dieser trug meinen Namen und einen kleinen Zusatz.

Primus inter pares. *So will ich's doch nicht haben.*

Der Anfang vom Ende der Band war neben dem Namen womöglich ebendieses Fotoshooting. Mein Plan, natürlich basisdemokratisch abgesegnet: Jeder von uns trägt eine

Jacke, die sinnbildlich für eine Jugendkultur steht. Ein ikonisches Kaleidoskop juveniler Rebellionen, dargeboten von Musikanten im besten Alter.

Am von mir bestückten Gewandbuffet haben sich dann zwei Mitmusiker hurtig bedient und einer widerwillig, weil nur mehr zwei für ihn eigentlich indiskutable Jacken übrig waren. Mir war es wurscht, welche ich bekomme, waren ja sowieso alles meine Jacken und alle gleich super für mich.

Der Parka wurde gemocht (Gold), die Jeansjacke neutral geduldet (Silber), meine Lederjacke von mir mit Stolz getragen (Bronze) – und die Camo-Bomberjacke mit Patches (Blech) mit einer Mischung aus Unverständnis, Angewidertsein und blankem Entsetzen entgegengenommen, jedoch nicht angezogen. Im Sinne von Basisdemokratie und Bandgewordensein haben wir dann vor dem Fotografieren lange diskutiert – inklusive meiner geliebten Fotografinnen-Freundin – ob man das, was jetzt eigentlich, wie denn überhaupt, warum wieder, warum eine Camo-Bomberjacke mit Patches geht oder eben gar nicht.

Ergebnis: tolle Fotos gemacht,
Gesichter wie acht Tage Regenwetter.
Postpubertäre Depression.

Besagte Bomberjacke hat mich eine Tour lang umhüllt, geschmückt, beschützt, gewärmt. Dann hat sie Kim K. für Kanye W. zu Weihnachten gekauft. Dazu später.

* * * * *

BREAKING NEWS 2

Mein allerliebster digitaler Sammlerfreund arbeitet bei Prada, wie ich vor ein paar Tagen erfahren habe. Er hat mir nicht nur eine herrliche 1999er Helmut-Lang-Perfecto[*]-Lederjacke in der Farbe Platinum geschickt, sondern auch eine zum Sterben schöne Prada-Lederbomberjacke.

Er war dafür extra ins Prada-Mutterschiff in Milano gefahren, um sich für mich in allen möglichen Größen zu fotografieren. Wir haben uns auf 54 geeinigt, und kurz war ich mir nach Erhalt und Begutachtung nicht sicher, ob sie nicht zu groß sei.
Darauf hat er mir einen Schnappschuss geschickt von einem schmucklosen Blechdach, auf dem verschwommen ein Mann mit dunkler Bomberjacke und eine Dame mit hellem Heftordner zu sehen waren.
Darunter: »Mr. Raf in Bomber.«
Ich hoffe, er bekommt keine Schwierigkeiten, wenn ich das hier preisgebe. Ich kann versichern, es gibt keinen diskreteren Herren als meinen allerliebsten digitalen Sammlerfreund. Also, Mr. Raf, don't worry. Man erkennt Sie nicht.
Er meinte dann noch, dass sie in echt bei Mr. Raf auch ziemlich weit sei und sowieso eine Riesenjacke mit Oversized-Schnitt. Das Wichtigste sei die Ärmellänge. »_I would never end up with short sleeves in winter time or be afraid of bending arms to avoid this._«

Überzeugt. 54 it is.

* * * * *

DIE RAF-SIMONS-2001/2002-»RIOT! RIOT! RIOT!«-PATCHES-BOMBERJACKE

Ein Grund, warum die Jacke, beziehungsweise diese Version, so toll ist, ist, dass auf einem der aufgenähten Patches der verschollene Manic-Street-Preachers-Musikant drauf ist, um den sich viele Legenden ranken. David Bowie ist auch drauf auf einem Patch, aber das ist nicht so wichtig.

Ich habe ein Duett mit Nina Persson von den Cardigans aufgenommen, so wie die Manic Street Preachers auch. Da war der Preacher vom Patch, glaube ich, schon verschollen. Nina wollte immer ein Album machen mit ihren Duetten. Dann wäre unseres vielleicht zwischen Tom Jones und den Manic Street Preachers gekommen. Vielleicht macht sie es noch.

```
I'M COMIN' DOWN LIKE A SMOKE MACHINE
MY HEAD IS WITH A SONG
MY WAYS TASTE LIKE A SHIP COMIN'
WITH YOU I CAN'T GO WRONG
I WAIT UNTIL A STAR COMES IN
AND THEN I GO AWAY
BABY YOU GOT ME WRONG
```

Ursprünglich war das mit der »Riot! Riot! Riot!«-Patches-Bomberjacke so, dass ich sie in einem digitalen Luxusdesigner-Geschäft meines Vertrauens gefunden hatte, der Name besteht aus vier Buchstaben, einem Bindestrich dazwischen und die letzten beiden Buchstaben sind die gleichen. Kleine Eselsbrücke: Es sind die gleichen, wie wenn man jemanden in einer Mail mit dazu nimmt. Die ersten beiden Buchstaben sind wie Holland abgekürzt, nur umgekehrt. Alles klar? (Komme mir gerade vor wie beim Umschiffen der Mail-Adresse bei einem bevorstehenden Deal, den beide Seiten nicht auf der betreffenden digitalen Plattform abschließen wollen, weil die Kommission so hoch ist und sich beide Geld sparen wollen. Da zerhackt man dann die Mail in fünf verklausulierte Teile, zum Beispiel fÄÄÄÄÄTTTTTTTTTT, und dann … myname und dann TOT und dann KOOOHMmMM, aber da ist die Spy-Software inzwischen so gut, dass es kaum mehr möglich ist, zu verheimlichen, dass man sich keine Nettigkeiten, sondern einfach die Mail-Adresse oder den Instagram-Namen schicken will. Da werden die Plattformen ganz böse und wollen einen gleich ausschließen oder klagen oder beides.)

Aber zurück: Sehe also die Patches-Bomberjacke im digitalen Geschäft – besser gesagt zwei. Bestelle die in grünem Camouflage und mit den Patches, die mir besser gefällt. Die andere, in grauem Camouflage und mit den teils anderen Patches, bleibt dort. Bekomme sie, habe noch keine Ahnung von ihrem Liebreiz und ihrer Entstehungsgeschichte und ihrer beginnenden mystischen Aufladung und finde sie gar nicht so toll. Sie ist riesig, labbrig, abgeranzt und noch dazu nicht aus Baumwolle. Einfach eine sehr billige Armyshop-Camo-Bomberjacke in XXXL mit ein paar Aufnähern drauf, denke ich mir. Erinnere mich, dass in der Beschreibung gestanden war, dass sie aus 100 % Baumwolle ist. Meine Chance. Schreibe dem Geschäft: Frechheit, die ist nicht, wie behauptet, aus 100 % Baumwolle, ich will mein Geld zurück. Sie schreiben: Tut uns leid, okay, schick sie zurück. Ich packe sie ein und bringe sie nicht gleich zur Post.

Dann habe ich ein paar Konzerte und bin weg. Die Jacke bleibt zu Hause und wartet auf ihre Abreise. Auf der Tour habe ich viel Tagesfreizeit und schaue nach, was es genau mit der Jacke auf sich hat. Genau das, was ich mir gedacht hatte, nur dass ich mir gedacht hatte, das finde ich nicht gut. Genau das finden aber alle anderen gut. Raf Simons nimmt eine 20-Euro-Armyshop-Bomberjacke, bastelt ein paar lustige Aufnäher drauf, schmeißt das Ganze in eine Industriewaschmaschine und wäscht es gemeinsam mit cin paar Bimssteinen so lange, bis es aussieht, als habe einer längere Zeit im Freien übernachtet damit.

Aha. Again what learned. Was ich noch herausfinde, ist, dass die Jacke gerade im Begriff sein könnte, der neue heiße Scheiß am Vintage-Designer-Jacken-Firmament zu werden.

Ich schreibe den netten Leuten vom Online-Geschäft, dass ich die Jacke trotz ihrer minderen Qualität behalten würde, wenn beim Preis noch was geht. Ich bekomme eine freundliche Mail zurück, passt, 30 % off, alles super.

Ich kehre zurück, ein wenig Zeit vergeht, ich habe die Jacke inzwischen ausgepackt und liebgewonnen. Auch mit 30 % weniger ist sie sauteuer, aber das ist mir ein bisschen egal.

Mehr Zeit vergeht. Ich tauche weiter hinab in die opulent popkulturell angehauchte Welt von Raf Simons um die Jahrtausendwende. Dann eine Nachricht vom Online-Geschäft. Der Chef möchte auf Urlaub fahren und dafür braucht er Cash. Sie haben sich also gefragt, ob ich Interesse hätte, auch die zweite Raf-Simons-Camo-Bomberjacke aus ihrem Fundus zu erwerben, diesmal als Okkasion. Anscheinend doch nicht so der heiße Scheiß, diese Jacken, wenn der Chef persönlich sie an den Mann bringen muss. Schlage zu. Verrückt, kopf- und ahnungslos.

Er wollte mir dann noch andere Sachen verkaufen, der Chef, und ich habe abgelehnt. Leider. Es war dann doch der heiße Scheiß.
Auch leider: Die erste der beiden habe ich leichtsinnigerweise getauscht. Dazu später.

Jetzt ist erst mal das frühere Später.
Aber davor noch: Der Anfang vom Ende der Patches-Bomberjacken-Geschichte liegt im Anfang vom Ende meiner digitalen Freundschaft mit meinem französischen Stylistenfreund vom Land.
Ich wollte eigentlich immer nur den Pyramid-Bomber haben, aus der quintessenziellen Raf-Simons-Summa-Cum Laude-Kollektion von 2000, und hatte meinen damaligen Noch-Freund darauf angesetzt. Ich habe alles gefunden

von Raf Simons damals, von damals, fast alles. Außer den Pyramid-Bomber. Wieder so ein Viech vom Armyshop, das er gepimpt hat, mit einem großen Pyramiden-Logo hinten drauf, das geklaut war von den Gabber-Techno-Vögeln vom Rotterdam Terror Corps, eigentlich ein Ausschnitt ihres Logos. Und natürlich und wie immer fett das Raf-Simons-Logo-Etikett außen am Arm appliziert, damit die außerhalb der Jacke auch wissen, wo der Hammer hängt. Nur, dass damals wenige Hähne danach gekräht haben, zu wissen, ob da einer wie er eine Bomberjacke pimpt.

Damals wollten wenige sowas haben, und noch weniger Geschäfte sowas bestellen. Ideale Voraussetzungen also für einen Hype mit 15 Jahren Verspätung, inklusive extremer Rarheit. Jedenfalls, der Pyramid-Bomber. Wollte ich immer viel lieber haben als den Patches-Camo-Bomber. Ein weiterer, ursprünglich nur digitaler Freund und Liebhaber obskurer Kleidungsstücke hat mich damals beraten. Es ging um einen Tausch, Patches gegen Pyramid. Er hat daneben einen meiner allergrößten Lieblings-Aufleg-Tracks aller Zeiten produziert. *It rough*. It raf? Den Track kannte ich lange, bevor ich ihn kannte. Hatte sich wieder einmal der Umweg über die Sammelbande ausgezahlt, um jemandem Tollen zu begegnen. Deshalb bin ich seither der Überzeugung, dass man sich eher anderen Dingen zuwenden sollte als den eigentlichen, um tollen Menschen zu begegnen, die das gleiche Eigentliche machen wie man selbst, und sich aber auch anderen Dingen zuwenden.

Er war jedenfalls von Anfang an gegen den Tausch. Er fand den Pyramid nie so spannend, und er sollte im Nachhinein betrachtet extrem recht behalten. Für den Fall, dass ich es unbedingt machen wolle, hat er mir außerdem geraten, den grünen Camo-Bomber herzugeben und den grauen zu behalten – wo er, wieder im Nachhinein betrachtet, hype- und werttechnisch nicht recht behalten sollte.

Ich hätte einfach nicht tauschen sollen, er hatte also in full effect recht.

Das hat der Freundschaft mit meinem französischen Stylistenfreund den ersten Knacks gegeben. Weil, der wusste damals schon genau, was ich noch nicht wusste, aber mein It-rough-Freund womöglich schon: dass das mit dem Pyramid-Bomber ein aufgeganselter Hype war und die wahre Substanz in Camoland lag.

Eine grausame Welt.
Jacke weg. Pyramid schwach – und zu klein.
Wieder Camo gesucht.
Noch mal gefunden.
Diesmal behalte ich sie und gebe sie nie wieder her.

Ein Jahr später: kein Geld, keine Auftritte, kein Auftrag, aber eine Nachricht von David C. Er fragt, ob ich einen Camo-Bomber für ihn habe. Er weiß, dass ich einen habe.

David C

David C ist ein Rich Kid aus New York und inzwischen der berühmteste Designermodeverleiher der Welt.

Ich behaupte, dass er seine ursprüngliche Helmut-Lang- und Raf-Simons-Menswear-Sammlung fast komplett aus meinen Beständen aufgebaut hat. Manchmal habe ich in einer Woche zwei Kartons voll Helmut und Raf hingeschickt. Verhandelt haben wir meistens nicht.
Damals war es leicht, tonnenweise neue alte Designersachen heranzukarren. Manchmal bin ich zu Leuten gefahren, die ganze Schränke voller Helmut Lang hatten und dazwischen vielleicht ein, zwei Raf- oder Margiela-Jacken oder Dries-van-Noten-Sweatshirts. Die Sachen von denen haben sonst eher in England gewohnt oder in Frankreich. Oft war auch ein bisschen Prada dabei, aber das hat mich damals (leider) nicht interessiert, wäre jetzt ein gutes Geschäft. Deals wurden in Bausch und Bogen abgeschlossen – Kiloware from heaven.

Und weil das damals so war mit dem Nachschub, habe ich die nächste Camo fortgeschickt, zu David C, nach New York, für viel Geld.

Rihanna im Museum

Eines Tages, nicht sehr viel später – ich war mit meiner Band auf Tour –, habe ich eine Nachricht von meinem französischen Stylisten-damals-noch-Freund bekommen, mit einem Link zu einem Internetbild. Rihanna im Museum! Mit einer Jacke! Mit MEINER Jacke! Mit meiner Jacke, die inzwischen Davids Jacke war!

Die Raf-Simons-Patches-Camo-Bomber-Jacke, mit der Rihanna im Museum war und in der Kanye später sehr oft sein Kind herumschleppen sollte, wie mir das Internet verriet, war die, die ich eigentlich nie mehr hergeben wollte.

Alles klar. So ist das also. Das hatte ich nicht gewusst, dass der so unterwegs ist. Kurz habe ich mich geärgert und mir gedacht, warum mache ich nicht auch sowas. Habe mir vorgestellt, wie das wäre, in Wien Archiv-Designer-Bomberjacken an Rapper zu verleihen, und dann war ich gleich nicht mehr traurig. Danach habe ich die Preise nach New York allerdings ein wenig angehoben.

Die Bilder von Rihanna habe ich gleich meinem treuen Bandfreund mit dem großen Instrument gezeigt, dem, der auf unseren Fotos so traurig ausgeschaut hat, weil er die

Jacke tragen musste. Und ich bin mir ziemlich sicher, er glaubt mir bis heute nicht, dass das dieselbe Jacke ist, die von Rihanna auf den Bildern und die, die er tragen musste, für die Bilder.

Ich merke, ich brauche sie wieder. Also wieder suchen. Also wieder finden. Also wieder noch einmal das Doppelte zahlen wie bei der letzten. Es wird langsam wirklich unmöglich, noch eine zu finden, beschließe, dieser jetzt wirklich und endgültig für immer treu zu bleiben und trage sie täglich. Ich finde das gut, dass ich so eine Jacke besitze und Rihanna und Kanye sie sich bei David C ausborgen müssen. Für ein kleines Entgelt.

Noch ein Jahr später:
kein Geld, keine Auftritte, kein Auftrag.

Weihnachten steht vor der Tür.
Ich bei meinen Eltern in den Bergen.

Nachricht von David C, genauer inzwischen von seinem Mitarbeiter – einem jungen Mann aus der amerikanischen Provinz, den ich noch von früheren Dealereien kenne, und der, seit er für David arbeitet, seine jugendlich offene freundliche Haltung gegen eine professionell distanzierte freundliche Haltung eingetauscht hat.

Er fragt, ob ich einen Camo-Bomber habe. Er weiß, dass ich (wieder) einen habe. Ich weiß, dass sie wissen, dass ich wieder einen habe. Sowas spricht sich herum. Inzwischen hat niemand mehr einen. Außer David C, und der gibt seinen nicht mehr her. Ich hatte es zwischenzeitlich verzweifelt versucht. Er ist knallhart geblieben. »Ich verkaufe nichts.« (Auch nichts an dich, obwohl ich es von dir gekauft habe!) Lustig eigentlich. Ich Narr!

Sollte ich jetzt auch machen.
Tue dann zumindest so.

Sie bleiben dran. »Es wäre, ähm, für jemand anderen, diesmal, nicht für uns.« Ich spüre, da würde einiges gehen. Es werden keine Namen genannt, trotzdem ist alles klar. Es geht um Weihnachten und um Kim und Kanye.
Die folgenden Audio-Verhandlungen nehme ich digital auf, im Glauben, dass die Helmut-Lang-und-Jagen-und-Sammeln-Doku was wird. (Ah, davon habe ich noch gar nicht erzählt. Muss ich noch!) David C hatte mir dafür schon einen Letter of Intent unterschrieben.
Ich verlange so unglaublich viel Geld, dass ich mir sicher bin, dass das nichts wird.
Es wird aber nichts mit dem Nichtswerden und am Ende habe ich innerhalb von acht Stunden unglaublich viel Geld überwiesen bekommen und zugesagt, dass die Jacke in zwölf Stunden abgeholt werden kann. Keine Ahnung, wie ich in zwölf Stunden dort sein soll, wo die Jacke ist, hier wo ich gerade bin, ist das jedenfalls nicht. Noch weniger Ahnung habe ich, wie sich das bis Weihnachten ausgehen soll, dass die Jacke rechtzeitig unter einem Baum in New York liegt oder in den Hamptons oder wo die feiern. Weil, es ist Weihnachten. Der zweite Teil kann mir eigentlich wurscht sein, der erste nicht. Es folgt eine abrupte Abreise aus den Bergen und das endgültige Ende der noch gar nicht begonnenen Besinnlichkeit.
Ich schaffe es irgendwie, und als es läutet, habe ich sie gerade in einen zu kleinen Karton gestopft und ein erbärmliches Klebeband herumgewickelt – meine bewährte Anti-Transportdiebstahl-Taktik. In dem Fall hätte ich das Paket jedoch gern ein bisschen hübsch zurechtgemacht. Fliegt ja nicht mit der normalen Post. Ging sich aber nicht aus. Egal.

In Erwartung eines livrierten oder zumindest mondän gekleideten Mitarbeiters eines Nobeltransportunternehmens oder diplomatischen Dienstes öffne ich die Tür – und nehme eine Gestalt in Empfang, die einem Janosch-Buch entsprungen sein könnte. Vor der Tür ein ältlicher Kombi, kein schicker brauner Kastenwagen oder gar eine schwarze Limousine mit abgedunkelten Scheiben. Mein schlechtes Gewissen dem schlimm aussehenden Paket gegenüber schwindet.

Er wartet, ich warte, dann verstehe ich. Er will einfach das Paket. Okay. Bitte schön. Und, äh, eine Quittung, gibt es sowas? Gibt es nicht, meint er. Sie transportieren nur Luxusartikel durch die Gegend, »LLLuieee Viddou« und so, da gäbe es sowas nicht. Er will allerdings auch nicht in das Paket schauen, was mich beruhigt. Ich hätte ja auch ein angesabbertes Stofftier oder die Camo-Bomber-Jacke vom Flohmarkt in Berlin hineinlegen können, die ich einmal gekauft habe, weil es die exakt selbe (oder gleiche?) ist wie die von Raf, nur ohne die popkulturell wertvollen Patches, die er draufgenäht hat oder nähen hat lassen, gemeinsam mit seinem Logo und dem falschen Hinweis, dass die Jacke aus 100 % Cotton ist, dafür inklusive Bimssteinwaschung by nature.

Es gilt also bei solchen Transportierungen der Vertrauensgrundsatz, oder?

Und weg ist er. Und dann ist Weihnachten und ich höre nichts aus Amerika, was ein gutes Zeichen ist. Also wird die Janosch-Figur ihre Arbeit ordnungsgemäß erledigt haben und jetzt vielleicht wieder in ihrem Geheimdiensquartier angekommen sein und dort Weihnachten feiern, oder in Amerika mit Kim und Kanye, nachdem sie ihren Transport-Düsenjet sicher gelandet hat, oder in ihrem Knusperhaus, gemeinsam mit der Tigerente, oder ganz woanders.

Seither habe ich keine mehr gekauft.

Die nächste, die aufgetaucht ist, hat auf der Vintage-Online-Plattform meiner Freunde die Bank gesprengt. 47.000 $. Instant-Internet-Legende. Generalreferenz für den Vintage-Designer-Gewänder-Hype. Verkauft hat sie ein reizender russischer Digitalfreund von mir.

Ich hätte meine doch behalten sollen.
Kim hat ein Schnäppchen gemacht.
Und Kanye muss sich keine mehr bei David C ausleihen.

Vor dem Hype waren es ein paar Narrische, die sich auf der damaligen digitalen Auktionsplattform mit Monopolstellung getroffen haben, um dann abseits dieser ihr eigenes Süppchen ohne Gebühren zu kochen.

Einer davon war Mikey L.
Er war aus Singapur, zumindest hat er das behauptet. Ich war einmal dort, lang davor, da war unser Kind sehr klein und hat gedacht, ich sei in Singaburg. Jedenfalls hat Mikey unglaubliche Raf-Teile feilgeboten, das Ärgste vom Argen, Runway Pieces, die nie in Produktion gegangen sind, obskure Devotionalien, Klassiker.
In perfektem Englisch wurden Verhandlungen ausgetragen, Deals geschlossen, Pläne geschmiedet, das Leben betrachtet. Das Leben betrachten gehört zum guten Ton unter Sammlern. Das ergibt sich so. Wer über derlei Dinge verhandelt, lässt die Hosen auch in sonstigen Agenden runter. Wir also die Welt betrachtet, vermeintlich Geschäfte gemacht, ich sehr viel Geld überwiesen – und keine Ware bekommen. Weiter die Welt betrachtet, weitere tolle Sachen angeboten bekommen, erfahren, dass die anderen am Weg sind, die Mutter krank sei und die Medikamente teuer, die weiteren auch gekauft und gewartet. Irgendwann

kein Geld mehr überwiesen und nur mehr gewartet. Dann wurde der Ton rauer, meiner, und seiner auch. Und dann war klar, dass ich keine Sachen bekommen werde von Mikey L, nicht aus Singapur und auch von sonstwo nicht. Ich habe gedroht, getobt, meinen Anwaltsvater eingeschaltet – und wurde zurückbedroht, aufs Allerschlimmste zurückbedroht, kunstvoll aufs Allerschlimmste zurückbedroht. Bedrohung als Kunstform – inklusive Weltverschwörung und Hass auf mich als Repräsentanten der Ersten Welt. Geld weg, Erfahrung da. Danke.

Meinen Glauben an das Gute habe ich behalten. Auch meinen Glauben daran, dass man sich nicht immer 17-mal absichern muss, wenn man ein Geschäft im Internet abschließt. Im Zweifel für die Intuition. Die Sache mit Mikey L war die bislang einzige, die schiefgegangen ist – außer der mit der Uhr sehr viel später.

KOMMT DAS WORT NAIV VON NATIVE?

Ein anderer Vogel, dem ich auf der digitalen Monopol-Auktionsplattform begegnet bin, war der Chef von Helmut Lang Art, dem, ja, Art-Department von Helmut Lang, gegründet, nachdem dieser keine Mode mehr machen wollte, sondern Kunst. Er hat hauptsächlich Prototypen angeboten, Schmuckstücke, Gürtel, Brillen – und Uhren. Helmut-Lang-Uhren waren zu ihrer Zeit nicht so der Knaller und wurden dementsprechend nur in minimalen Stückzahlen produziert, bevor das Experiment wieder aufgegeben wurde. Ich habe viel von ihm gekauft, längst wieder verkauft und mich immer gefragt, ob der Lang Helmut das weiß, dass sein Art-Department-Chef seine Sachen da verkauft auf der Plattform. Und irgendwann dachte ich mir, der muss das wissen, weil das kann ja gar nicht anders sein, weil sonst hätte er ihn längst rausgeschmissen. Und seither glaube ich, dass das vielleicht ein bewusster Move des Helmut-Lang-Universums war, um den Vintage-Markt aufzuganseln. So, wie das Gerüchten zufolge, die es seit Jahrzehnten gibt, bei den Schweizer Uhrenherstellern mit der Krone als Logo sein soll, dass die selber ihre besten Vintage-Markt-Kunden sind, damit der Markt stabil bleibt, die Preise hoch und der Mythos der unfassbaren Werthaltigkeit der Marke erhalten. Vielleicht stimmt auch beides nicht. Oder beides. Ich werde es nie erfahren.

HELMUT AND RAF
WHAT WAS I THINKIN' OF
IN THE FUTURE I JUST WANNA HAVE ONE COAT

Am Höhepunkt meines Jackenirrsinns und zugleich einem der finanziellen Tiefpunkte meines Daseins habe ich einmal meine allertollste Fotografinnen-, inzwischen Künstlerinnenfreundin um Hilfe in Sachen Spreu vom Weizen trennen gebeten.
Wir haben dann gemeinsam, beziehungsweise hauptsächlich sie, weil ich befangen, zwei Stapel aufgetürmt, mit dem Plan, dass der eine, der mit den »Weg«-Jacken, viel größer wird als der andere. Ziel: Geldregen. Ich habe alle Jacken anprobiert, sie hat gesagt: yes, no, no, no, und sie dann auf den jeweiligen Stapel geschleudert, kurz und schmerzlos.
Zwischenzeitlich hatten wir sogar vor, am Ende nur einen Stapel zu haben und daneben eine einzige Jacke, die ich behalte, aber das habe ich dann doch nicht geschafft.

Ohne meine allertollste Fotografinnen-, inzwischen Künstlerinnenfreundin und diesen Tag würde ich vielleicht noch immer in einem einzigen, riesigen Stapel Jacken wohnen.

Ohne sie hätte ich auf jeden Fall als einzige die Joy-Division-unknown-pleasures-Leder-Perfecto behalten. Sie hat aber zu Recht gemeint, dass mir die, wie die meisten Lederjacken, zu kurz sei, was mich dann, umhüllt von meiner wiedergekehrten Not, bestärkt hat, sie meinem französischen Stylisten-(damals-noch)-Freund subtil anzubieten. Ich hatte sie für verhältnismäßig kein Geld von einem freundlichen amerikanischen Hobbydealer bekommen, der College Kids, die ihr Taschengeld schon am Monatsanfang verplempert haben, ihre Designerfetzen abknöpft, und sofort gewusst, die bekomme ich wirklich nie wieder. Ich hatte sie davor erst ein einziges Mal auf einer japanischen Super-Freak-Seite gesehen und ob der japanischen Schriftzeichen nicht eruieren können, ob sie überhaupt zu verkaufen war. Der Schnitt ist von einer klassischen Spät-40er-/früh-50er-Jahre-Perfecto-Lederjacke abgekupfert, mit Zigarettentasche am Ärmel und je zwei Schnallen am Bund. Das Unfassbare an dieser Jacke ist, dass hinten vollformatig das Peter-Saville-Cover-Design von *Unknown Pleasures*, dem zweiten Album meiner großen Helden Joy Division, per Hand draufgemalt war. Für diese Kollektion hatte Raf Simons sich die Erlaubnis zur Verwendung der Designs des ehemaligen Fabric-Records-Betreibers und Meisters aller damaligen Popkultur-Grafik-Design-Klassen geholt und sie auf Parkas, T- und Sweat-Shirts und eben Lederjacken drucken oder pinseln lassen. Als ich sie bekommen habe, war ich enttäuscht vom dünnen, glänzigen und nicht besonders tollen Leder. Ich hatte davor eine, genau die gleiche, nur ohne *Unknown Pleasures*, aus einer früheren Kollektion, in einer größeren Größe, die aus fantastischem dicken Rindsleder war. Vielleicht ja dieses schmallippige glatte Leder, weil besser bemalbar.

Ich hatte auch einmal einen Parka aus derselben Kollektion, mit einem auf den Rücken gemalten New-Order-Cover, der war aus PVC – auch unmöglich zu finden – und da hat das mit der Haftung auf dem Material nicht so gut geklappt. Also besser dünnes glänziges Leder als schönes dickes und es gehen die *Unknown Pleasures*-Wellen runter. Ich würde gern wissen, ob sie das mit Schablone gemacht haben oder mit einer Projektion, weil man sieht manchmal, wenn der Bemaler oder die Bemalerin abgerutscht ist oder die Hand müde wurde oder die Farbe ausgegangen ist. Hoffentlich waren das keine indischen oder vietnamesischen oder sonstigen Kinder, die das bemalen mussten. Jedenfalls oft getragen, bestaunt und gepriesen worden. Wie immer war ich mir damals sicher, dass ich sie nie hergeben werde.

Bis zu dem weiteren Tag X, dem Anfang des endgültigen Endes meiner digitalen Freundschaft mit meinem französischen Stylistenfreund. Bis zu dem Tag, an dem ich sie ihm verhalten angeboten habe.
Sofortige Antwort. Er will sie natürlich unbedingt haben, wir vereinbaren schnell einen stolzen Preis. Ich froh, er sehr froh. Nur: Er kann nicht zahlen. Also warte ich, bekomme ein kleines bisschen, dann noch ein sehr kleines bisschen, dann wieder warten, dann ewig warten. Und irgendwann geht es mir kohletechnisch wieder besser und ihm noch schlechter. Ich schlage vor, dass wir den Deal abblasen, ich ihm seine paar Euro zurückschicke und finito.

Das war's. Es folgt ein Feuerwerk an Beschimpfungen und Drohungen von Anwalt bis Knochenbruch, das sogar dem von Mikey L das Wasser reichen kann. Ich bin fassungslos und gebe irgendwann ob der Wucht der Aggression nach, warte weitere gefühlte Jahre auf den großen Rest des Knasters und schicke nach Erhalt mein geliebtes bemaltes

Lederkunstwerk wortlos nach Frankreich, in ein kleines Dorf, dorthin, wo seine Eltern wohnen.

Eine Zeit lang trage ich die Fantasie mit mir herum, einfach hinzufahren und ihn zu stellen und mir meine Jacke wiederzuholen, nachdem ich vergebens versucht hatte, Frieden zu schließen. Mache ich dann aber doch nicht. Zum Glück. Inzwischen hat Peter Saville seine Grafikdesigns an ca. alle Billigsdorfer-Kinderarbeit-Textilkonzerne unter der Sonne verramscht, die sie in Millionenauflage auf Mützen und Socken und Unterhosen klatschen. Von unknown pleasures keine Rede mehr.

* * * * *

EXKURS

Gerade mein Handy gecheckt, eine Benachrichtigung der österreichischen Flohmarktplattform meines Vertrauens erhalten und festgestellt, dass die beiden einzigen Suchagenten, die ich dort eingerichtet habe und die überraschenderweise »Helmut Lang« und »Raf Simons« lauten, schon seit sehr viel über zehn Jahren für mich suchen. Uff. Wobei, einen habe ich noch, der ist neuer, der sucht GMT Master.

* * * * *

Raf in Wien

Auf Raf Simons war ich lange nicht gut zu sprechen.

Nicht dass wir viel gesprochen hätten, aber er hatte mir einen Floh ins Ohr gesetzt, einen Floh in das Ohr des Flo, und den dann mit der Eisenzange wieder herausoperiert. Das war so: Ich habe vor der Jahrtausendwende bei einem Alternativ-Radiosender gearbeitet. Raf Simons war gerade zum neuen Professor der Modeklasse an der Angewandten Universität Wien ernannt worden. Als zurückhaltend glamouröser Polarstern am Antwerp-six*-Firmament, dessen Kollektionen bisher immer Aufsehen und selten Verkaufszahlen geliefert hatten, war er in Wien empfangen worden wie der Messias in Schwarz. Ich habe gleich ein Interview für den Alternativ-Radiosender vereinbart und den Mann getroffen. Wir waren in einem klassischen Wiener Kaffeehaus namens Prückl oder Jelinek oder Museum oder Sperl. Aus der auf 45 Minuten anberaumten Befragung wurde ein sehr viel längeres Gespräch, an dessen Ende der angehende Professor mich gefragt hat, ob ich nicht bei ihm studieren wolle. Daran hatte ich tatsächlich noch nie gedacht, an Mode studieren. Das war für mich wie ein Didgeridoo-Seminar oder eine Brokeback-Mountain-Wanderwoche, eine absurde Vorstellung. Was soll man da studieren?

* So werden seine sechs belgischen Modedesigner-Landsleute Dirk Bikkembergs, Ann Demeulemeester, Dries Van Noten, Walter Van Beirendonck, Dirk Van Saene und Marina Yee kollektiv bezeichnet, die gemeinsam in Antwerpen studiert haben und die Modewelt der 90er-Jahre bestimmen sollten.

Trotzdem hat mich diese Aussicht nicht mehr losgelassen, sie hat an mir geklebt wie ein Ohrwurm im Liebestaumel, wie eine Monsterklette an der Schuhbandschlaufe. Normalerweise vergesse ich alles sofort. The only way is vorne. Schutzmaßnahme und Überlebensstrategie. Das mit dem Modestudieren ist geblieben. Der Messias lässt schön grüßen.

Ich habe mich zur Aufnahmeprüfung angemeldet und bin auch hingegangen. Das Ganze war dann eine Mischung aus Casting für »suchen junges, hübsches Mädchen aus dem ehemaligen Osten, das verdammt gut nähen kann«; und »suchen beflissenen kunstaffinen jungen Menschen, der verdammt gut figurativ zeichnen und/oder malen kann«.
Ich war weder jung noch konnte ich nähen oder Dinge so malen oder zeichnen, wie sie aussehen. Es war also ein im Ergebnis sehr großes Desaster. Das Aktzeichnen (oder hatte ich mir das nur erträumt, und es waren in Wirklichkeit Früchte, die wir abzeichnen mussten?) fand ich lustig, und meine Zeichnung auch. Die anderen Aufgaben habe ich längst vergessen (Schutzmaßnahme).
Nur die Hausaufgabe werde ich nie vergessen. Die war fantastisch, und ich finde, ich war es, der dem Messias seinen endgültigen Durchbruch ermöglicht hat, mit meiner Kampfschrift und meinen Skizzen und meinem radikal subversiven Ansatz für eine politische Haltung innerhalb einer Labelstrategie. Ob der Messias mein geniales Werk je zu Gesicht bekommen hat, weiß ich nicht. Ich habe für mich beschlossen, dass ja, und auch, dass ich der eigentliche Ghostwriter des epochalen Höhenflugs von Raf Simons in den Modeolymp bin, so wie der ehemalige Freund von Steve Jobs, der in Wahrheit Apple erfunden hat und einfach verschwunden wurde aus der gemeinsamen Bastelgarage von seinem Freund Steve.

Die Aufnahmeprüfung habe ich natürlich nicht geschafft, den Raf auch nie zu Gesicht bekommen währenddessen (war er überhaupt dort?). Dafür habe ich einen alten Bekannten aus meiner kleinen Mittelstadt getroffen. Der war damals sein Assistent, wie ich erfahren sollte, und er hat mir nicht viel Konkretes über die Beweggründe für mein Ausscheiden aus dem Auswahlprozess sagen können oder wollen. Er hat nur gemeint: »Heute Abend wird ein Zettel aufgehängt, wo die Namen von denen draufstehen, die weitergekommen sind.« Aha. Da war ich dann nicht drauf. Mr. Raf, wo warst du?

Mein alter Bekannter aus meiner kleinen Mittelstadt betreibt inzwischen längst ein fulminantes Modegeschäft und hat den Herrn in unserer gemeinsamen neuen großen Stadt zu den Menschen gebracht.
Einmal konnte ich mir dort eine Jacke leisten, besser, wollte – meine Liebe zu Raf Simons Gewändern wurde aufgrund der Umstände erst später entflammt.
Er hat mich beraten, und mir zur mintfarbenen Version einer Bomberjacke geraten, mit esoterischen Bestickungen am Rücken. Ich war zu feige und hab die schwarze genommen. Mitsamt einer ziemlichen, nicht vom Designer intendierten Ausbleichung, wie ich nachher bemerkt habe. Ich glaube, ich habe deshalb einen Teil des Geldes zurückbekommen oder einen Gutschein.

Die Jacke habe ich nur sehr manchmal getragen, weil sie war irgendwie labbrig an den Ärmelbünden, was für mich gar nicht gegangen ist. Deshalb habe ich sie schnell aussortiert, bestärkt von meiner allertollsten Künstlerinnen-Freundin, die gemeint hat, dass sie komisch fällt an mir. Und wenn die sowas gesagt hat, war das für mich noch mehr Religion als die von allen Messiassen zusammen. Ein zweites Mal hat sie auch noch eine Jacke von ihm overruled. Das war die berühmte schwarze Patches-Bomberjacke aus der Hydesville-Castle-Community-Kollektion, die Lieblingsjacke von Raf selber und, vielleicht genau deshalb, auch von meinem Verleiher-Freund David C. Ich hatte sie zu ihrem Geburtstagsfest angezogen. Die war so oversized, dass selbst ich als ziemlicher Riese darin verschwunden bin wie ein frisches Baby in einem zu großen Tragetuch. Jedenfalls hatte der Aufnahmeprüfungs-Supergau mich darin bestärkt, Modeschulen für entbehrlich zu halten, weil: Einen Funken habe ich dort nicht gesehen, eine Widerständigkeit, ein Bürsten gegen den Strich schon gar nicht. Vielleicht war ich blind, zu sehr im Magic-Man-Modus, vielleicht ist es jetzt anders,* vielleicht habe ich etwas übersehen. Kann Raf Simons nähen?

Helmut Lang kann es. Das weiß ich aus sicherer Quelle.
Der ist der ursprüngliche Quell meiner post-juvenilen, jung-adoleszenten Entflammung für das Schöne, für das Schöne im Schlichten, für das Komplexe im Einfachen, für das Bunte im Monochromen, für die Ekstase im Unterspannten.
Als ich wegen dem Radio nach Wien kam, hatte er gerade seine erste Jeans-Kollektion präsentiert – die mit den ledernen Labels mit der roten Schrift drauf.
Hypnotisiert. Verfallen. Alles Geld zusammengekratzt und mir in seinem Flagship-(weil-einzigen)-Store in der Seilergasse einen dunkelmoosgrünen Parka mit schwarzem Kunstfellbesatz an der Kapuze gekauft. Die Ärmel waren mir zu kurz, das war mir egal.

Was sich in diesem Geschäft abgespielt hat in mir, wegen dem um mich, hat sich nie mehr sonstwo so abgespielt, eine Mischung aus absoluter Spannungslosigkeit, obszöner Coolness und offensivem Gelangweiltsein. Ge-*Lang*weilt. So waren die damals, die dort gearbeitet haben, wobei man arbeiten gar nicht hätte sagen dürfen. Es war eher ein Abhängen mit kurzen Episoden von Gefälligkeiten, die

* Ja, es muss anders sein. Meine allertollste Fotografinnen-jetzt-Künstlerin-nen-Freundin unterrichtet inzwischen an einer solchen Schule – in einem anderen Land.

widerwillig erledigt wurden. Noch da? Andere Größe? Andere Farbe? Widerwillig nicht im Sinne von gegen den Besucher oder Eindringling gemeint, sondern generell. Wie wenn man in ein Kunstwerk eindringt und einen Punkt hineinmalen will. Das mögen die Künstler auch nicht, außer es ist der Plan. Dort war es nicht der Plan. Dort war das Kunstwerk fertig, und jeder, der gekommen ist, hat es potenziell bedroht in seiner Vollkommenheit. Dennoch waren die ge-*Lang*-weilten Gralshüter nicht unwirsch, sondern nach ihrer Façon freundlich und hilfsbereit. Ge-*Lang*-weilt hat auch beinhaltet, dass man auf keinen Fall in Eile sein durfte bei einem Besuch. Das haben sie gar nicht vertragen, zu Recht, wie ich inzwischen begriffen habe. Es war, wie wenn man bei der Queen eingeladen ist, wobei eingeladen hatte man sich ja selber. Eben, sich selber einladen bei der Queen. Da muss man gewisse Regeln beachten. Damals gab es noch keine Securitys vor der Tür oder Absperrschnur-Spaliere bis an die je nach Dimension des »Neuer-heißer-Scheiß«-Drops nächste oder übernächste Straßenkreuzung. Da konnte jeder hineinspazieren und am mythenumrankten Understatement-Glam schnuppern. Da musste sich die Belegschaft was zurechtlegen, eine Haltung, ein Schutzschild, einen Geheimcode. Aber: Wenn man den einmal geknackt hatte, den Geheimcode – und dabei ging es nicht um das Volumen der im letzten Monat gekauften Fetzen, dann war man König unter Königen.

So wie damals, als ich, nach dem über einjährigen Nicht-Reingelassenwerdens (und das, obwohl ich es JEDES Wochenende außer während der Sommerferien versucht hatte) in den Punk-Gruftie-Club der Mittelkleinstadt, aus der ich komme, eines Abends plötzlich reindurfte. Ich war nach Ansicht des brutalen Türstehers namens M (sogar seinen Namen kannte ich längst) an diesem Abend wohl endlich groß genug oder alt genug oder cool genug oder mit den richtigen Mädchen da, um reingelassen zu werden. Danach gab es kein Halten mehr, und in kürzester Zeit war ich nicht mehr Kassetten-DJ im Keller meiner Eltern, sondern Plattenaufleger im vom brutalen Türsteher namens M bewachten Gruftie-Keller meiner Träume. Dead Kennedys und Beastie Boys, I salute you.

Das Gefühl dazuzugehören, zu etwas Magischem, Geheimnisvollem, aus dem ist das Leben gestrickt, an dem labt sich die Seele, in dem heilt die Krätze der verletzten Kindheit. Ich gehöre gerne dazu, auch wenn ich meistens nicht lange mittendrin sein will. Ich schaue mir die Dinge von außen an und habe doch gern einen Fuß drinnen. Wenn ich dann offiziell hereingebeten werde, bin ich schon wieder weg.

Modisch sein muss man auch können. Das ist eine Kunstform. Das ist Arbeit. Das ist Hingabe. Das ist sich anderen und sich selbst zumuten. Das ist danebengreifen. Das ist peinlich sein. Das ist ausgelacht werden. Das ist bestaunt werden. Das ist sich geil fühlen. Das ist sich völlig daneben fühlen. Das ist Fehler machen. Das ist sich woanders hin wünschen. Das ist sich nicht egal sein – zumindest äußerlich.

Wenn die im Helmut-Lang-Gral im ersten Bezirk erkannt haben, da meint es einer ernst, dann war man plötzlich mittendrin. Mittendrin in der Liebe, mittendrin in der Freude, mittendrin im Land der *Lang*-weile.
Wenn man dann noch was gekauft hat, war es gut, aber wenn nicht, dann auch. Aus einem Ort der kühlen Distanz wurde ein Ort der stillen Verbundenheit. Manchmal gab es Sekt, meistens hauptsächlich Stille.
Ich habe dort nur eine halbe Handvoll Sachen gekauft, weil die Preise sich in Sphären abgespielt haben, nach denen ich nicht greifen konnte, aber diese paar Sachen haben hel-

ler geleuchtet als alles andere zusammen bei mir zu Hause. Womöglich war das mit der halben Handvoll Sachen bei vielen Grals-Pilgern so, weil irgendwann war zu und der Chef am Sprung.

Bevor Helmut Lang mit seinem Atelier nach New York emigriert ist, gab es in seinem Wiener Studio einen Archiv-Sale. Dort habe ich dermaßen zugeschlagen, dass ich danach kaum mehr in meine kleine Wohnung gepasst habe. Gürtelschnallen-Prototypen, Jeansjacken-Testversionen, bei denen unten am Saum mit Stecknadeln dicke Schaffell-Nierenschoner appliziert waren, Jeans mit Cockring, verschnittene T-Shirts, armygrüne Unterhosen, mit Latex bemalte Poloshirts. Wunderschön und fast alles untragbar für mich Tiroler Snowboard-Kind.

Was dazu geführt hat, dass sehr viel davon jetzt in New York wohnt und an Rapper und Stylisten und Stylisten von Rappern verliehen wird.

Ich wollte einmal eine Dokumentation über Helmut Lang machen, und über das mit dem Jagen und Sammeln.

Mein toller, erfolgreicher Regisseur- und Produzentenfreund und ich waren dann bei dem Fördergremium geladen zum Hearing, wo uns von der austro-alemannischen Kommission erklärt wurde, dass es leider, obwohl super, keine Förderung gäbe für die Helmut-Lang-Sache, weil man sich unsicher sei, ob seine internationale Relevanz gewährleistet sei. Alles klar. Lieber was über Wolfgang Joop?

AUTOS 2

Ich habe auch einmal kurz Autos gesammelt, besser gesagt habe ich mir einmal fast gleichzeitig zwei alte bayerische Geräte eingetan, weil ich das erste eigentlich gar nicht unbedingt haben wollte, aber dann gekauft habe, weil es doch irgendwie gut war und billig, und das andere, das ich eigentlich wollte, erst kurz nach dem Kauf des ersten aufgetaucht ist. Das zweite hat mir ein ehemaliger Radprofi aus Italien nach Südösterreich gebracht, gemeinsam mit seiner Freundin, bevor er nach Amerika ausgewandert ist. Das erste hat mir ein Mann verkauft, der es eigentlich gar nicht verkaufen wollte und es meinem Freund auch nicht verkauft hat, weil der ihm zu arg war, Tattoos und gut trainiert und so, und ich ihm dann nicht zu arg war, als er es doch verkaufen wollte, also musste, weil sich sonst seine Frau von ihm getrennt hätte. Sogar den Kindersitz hat er dringelassen.

Mit dem zweiten bin ich genau einmal gefahren, von Südösterreich zum niederösterreichischen Mechaniker meines damaligen Vertrauens. Der hat es begutachtet, war danach außer sich, weil eine Schraube nicht original war, oder zwei, und dann ist es ein paar Jahre bei ihm geblieben, bis ich es an einen netten Polizisten weiterverkauft habe. Wir hatten trotzdem eine schöne gemeinsame Zeit, das zweite und ich.

Das erste, ursprünglich ungeliebtere jedoch wurde zum Alltagsboliden. Zu viele PS, zu tief unten gelegen für mich als unbeweglichen Riesen und eigentlich ein Gokart, hat es meiner geliebten Damals-noch-nicht-Frau und mir viel Freude bereitet und vielen anderen auch, weil es eine Schönheit war, eine »palmersgrüne«, weil es einmal ein Firmenauto gewesen war von der Firma, die die legendären gleichfarbigen Geschenkmünzen erfunden hat, die jedes Kind meiner Generation und der darüber und der darunter schon einmal unterm Christbaum liegen gesehen hat, vom Christkind hingelegt für die Mama oder die Oma oder die ältere Schwester, manchmal sogar für den Papa. »Gibt dort ja auch Pyjamas.« Im Endeffekt fast immer ein Umweggeschenk für die Frauen, weil, welcher Mann wollte in den 70er- und 80er-Jahren in ein Frauenunterwäsche-Geschäft gehen für einen Pyjama? Dann lieber bitte einen mitbringen. Und der hat dann nicht gepasst und die größere Größe gab es nicht und dann wurde es doch was für die Frau.

Als bei uns die nächste Generation unterwegs war, wurde der Frosch, wie er hieß, in Südösterreich bei meinen Eltern zwischengelagert, weil doch kein ideales Familienauto, und zum Verkauf feilgeboten – ohne Kindersitz. Nach lange nichts meldete sich ein wortkarger Mann aus Köln. Ich ihm erklärt, kann nicht weg, habe alles bestmöglich beschrieben im Digitalen, außerdem siehe Fotos, und er sei ja anscheinend ohnehin Experte, weil jahrzehntelang bei der bayerischen Firma tätig gewesen, die den Frosch fabriziert hat. Ob das Auto fahrtauglich sei und er damit nach Köln komme, will er wissen. Ich meine, fahrtauglich sei es natürlich, ob er damit nach Köln komme, wisse ich nicht, kann ja alles Mögliche passieren auf so einer langen Strecke.

Er überlegt es sich, ich sage ihm, dass Übergabe nach Probefahrt, keine Gewährleistung, kein Feilschen. Das wollte ich meinen Eltern ersparen. Bin mir sicher, dass ich nie mehr etwas hören werde vom Wortkargen aus Köln. Getäuscht. Er will kommen und das Auto nach Besichtigung und Probefahrt entweder kaufen oder nicht.

Der Tag, an dem er nach Südösterreich kommt, ist dann genau der Tag der (Haus-)Geburt unseres Kindes. Aufregung, Tohuwabohu, was tun, wie ist das mit so einer Geburt?

Anruf meines Vaters. Der Mann ist da, er hat etwas am Auto auszusetzen und will, wenn überhaupt, weniger zahlen. Top Timing. Ich renne zwischen Frau mit Wehen, Telefonieren mit Hebamme und Telefonieren mit Vater hin und her – *kopflos, schwerelos, überwältigt von dir* und sage, mein Vater soll sagen, »wie gesagt, kein Feilschen, friss oder stirb«. Aufregung extreme bei meinen Eltern, aber sie richten es aus. Es schüttet in Südösterreich. Trotzdem habe der Mann sich angeblich unter den Frosch gerollt und alles inspiziert. Er will eine Runde (im strömenden Regen) spazieren gehen und es sich überlegen. Ich will mir gar nichts mehr dazu überlegen. Ich will, dass unser Kind gesund auf die Welt kommt und meine Frau dabei gesund bleibt. Anruf bei Hebamme. Ich glaube, es ist jetzt wirklich Zeit, es geht jetzt wirklich los. Sie meint, sie isst noch ihre Spaghetti auf und kommt dann. Okay. Anruf Vater, Aufregung extreme extreme und Freude: Der Mann ist zurückgekommen, hat wortlos das Geld übergeben, unterschrieben, den Schlüssel genommen, deutsche Überstellkennzeichen auf den Frosch montiert und ist im Schüttregen davongebraust. Danke. Okay. Andere Sorgen gerade, wobei eigentlich keine Sorgen, nur Aufregung. Wo ist die Hebamme?

Frau in Wehen, will allein sein. Hebamme kommt, entspannt und satt, ohne Ausrüstung, erblickt meine Frau, meint: »Oh, da ist ja der Kopf schon da«, und streckt mir

einen Autoschlüssel entgegen mit den unvergessenen Worten: »Schwarze Tasche, roter Fiesta.«
Autos!

Unser Kind ist gut zur Welt gekommen, meine Frau hat es gut zur Welt gebracht, die Hebamme ist gut wieder heimgekommen, nur ob der wortkarge Kölner je zu Hause angekommen ist, wird sich wohl nie aufklären. Ich habe oft versucht, ihn zu erreichen. Unser Kind interessiert sich sehr nicht für Autos.

IST DAS SAMMELN?

Sammeln hat etwas mit Geborgenheit zu tun. Sammeln tut man, heißt es, wenn etwas fehlt. Sammelt man, weil einem die Geborgenheit gefehlt hat?
Jedenfalls gibt mir das Besitzen von Dingen, die mir etwas bedeuten, ein Gefühl von Wärme. Ein Gefühl von Vollständigkeit, von Zugehörigkeit. Die Sachen gehören zu mir und ich zu ihnen.

Nur. Was passiert, wenn das Sammeln sich in eine Raupe Nimmersatt verwandelt, die sich über die Geborgenheit und die Zugehörigkeit hermacht und sie verschlingt, wenn aus den Freudensubjekten eine wabernde, undefinierbare, ungreifbare Masse von Objekten wird? Dann wird das Sammeln zu einem administrativen Drahtseilakt mit angefeiltem Seil, weil entweder das Geld ausgeht oder der Platz oder die Geduld des Partners oder der Familie oder der Bank oder alles gleichzeitig. Dann hat die Sucht die Suche aufgefressen, und aus einem beschwingten analogen oder digitalen Flohmarkt-Spaziergang wird ein eisiger Kriegsschauplatz mit lauter Feinden, die alle genau dasselbe wollen wie man selbst. Ob das auch wirklich so ist, diese Frage stellt sich nicht mehr, die Vermutung wird zur Überzeugung, die Methodik perfide und der Anstand verschwindend. Hauptsache, ICH bekomme es.

Ich bin einmal über einen Flohmarkt in Berlin flaniert, auf dem ich noch nie davor gewesen war. Zufällig hatte mich dort die U-Bahn ausgespuckt, auf dem Weg zu einer Verabredung. Es war ein Flohmarkt für Berlin-Touristen, mit vielen Ost-Devotionalien à la Russenpelzmützen und Plaste und Elaste. Mittendrin ein kleiner, ramponierter Tisch mit Uhren. Darauf die Uhr meiner damaligen Träume. Eine französische Autofahrer-LED-Uhr aus den 70er-Jahren. Autofahrer deshalb, weil das Display vorne auf der schmalen Seite der Uhr war, sodass man beim Pilotieren die Hand am Steuer lassen konnte und trotzdem die Uhrzeit lesen. Nur hatten sie anscheinend übersehen, dass man zum Aktivieren der Uhrzeitsichtbarkeit die zweite Hand brauchte, weil man einen Knopf drücken musste, um das sonst schwarze Display mit roten Zahlen zu erhellen, weil die Uhren damals so viel Batterie gefressen haben, dass sie bei durchgehendem Leuchten nur ein paar Stunden durchgehalten hätten. Oder es war ihnen egal, das mit der zweiten Hand. Also doch nicht Sicherheit geht vor, also doch function follows style. Das Schickste an der Uhr war das in das Chassis oben eingestanzte GP, die Initialen der Uhrenmarke.

Jedenfalls war ich vollkommen von den Socken. So eine Uhr an so einem Ort? Die waren damals in den 70er-Jahren schon die absolute Freakabteilung und jetzt praktisch ausgestorben.
Was kostet die? Ähm, was? Nicht so viel, gar nicht viel, eigentlich billig, eigentlich eine Okkasion. Zuschlagen! Zuschlagen? Problem: Ich hatte mir kurz davor versprochen, mir keine energieverschlingenden Zeitmessgeräte mehr zuzulegen, weil deren Leuchtdioden sämtlich im Begriff waren, sich aufgrund des Nicht-für-die-Ewigkeit-geschaffen-worden-Seins aufzulösen. Bedeutet, irgendwann kann man nicht mehr feststellen, ob es 5 Uhr irgendwas oder 8 Uhr irgendwas ist. Eigentlich gut sowas, als Entschleu-

nigungsmaschine. Die Uhr ohne Uhrzeit. Margiela hat einmal Armbänder aus Uhren ohne Uhrengehäuse gemacht. Alter Profi.

Ich gehe also weg vom Uhrentisch, bebend, weil diese einzigartige Gelegenheit auslassend, und schreite zu meiner Verabredung. Dort überkommt mich eine epochale Unruhe. Ich erkläre mich, bitte um einen gemeinsamen Spaziergang zum Flohmarkt und Zwischenstopp beim Bankomaten. Ich hechte zum Tisch, mit meiner Begleitung im Schlepptau und dem abgezählten Geld in der Hosentasche. Schlachtfeldmodus. Uhr weg. Jammertal des Todes.

Und: Ich habe es überlebt.

Meine geliebte Frau hat mir ein paar Seiten abfotografiert vor Kurzem und geschickt, da geht es um Mögen und Wollen. Der weise Mann, der das geschrieben hat, arbeitet viel mit Gehirn und meint, den Unterschied zwischen Mögen und Wollen gewahr zu haben, sei essenziell. Man kann etwas mögen, ohne es zu wollen. Und man kann etwas wollen, ohne es zu mögen. Relevant sei der Aspekt des Mögens.
Wenn ich schwer bedient das siebzehnte Bier bestelle, dann will ich es vielleicht haben; mögen tu ich es aber nicht mehr. Wenn ich an einer angenehm duftenden Blume schnuppere, die ich nicht besitzen muss, dann ist das Mögen ohne Wollen. Ich kenne das.

Wenn ich über die Schlucht der Verlockung zu hüpfen imstande bin – oft durch Hilfe von außen, indem mir jemand zum Beispiel eine Autofahreruhr wegschnappt –, wenn ich nur mehr das Mögen spüre und nicht mehr das Wollen. Wenn ich meinem besten Freund eine Lederjacke geschenkt habe, die ich liebe, aber nicht besitzen muss, sondern mich jedes Mal freue, wenn ich ihn damit treffe, weil sie ihm so gut passt und so schön ist. Oder wenn ich einen alten Citroën bestaune, den ich mir nie kaufen werde.

Das Mögen kann dann blühen, wenn drinnen Ruhe herrscht, wenn kein Alarm an ist, kein Vergleich angestellt wird, keine Muskeln im Spiel sind. Dann ist mögen möglich. Sonst drängelt sich das Wollen am Mögen vorbei an die Theke, bestellt zwei Bier und zwei Schnäpse und vorbei ist es mit dem wollenlosen Mögen. Dann bekommt man sich im besten Fall in die Wolle mit dem Wollen und volley eine aufgelegt, und im Allerschlimmsten gibt es die große Wolllust-Verbrüderung, mehr Schnaps und Bier, dann wird zugeschlagen.

Bei Turnschuhen war das Wollen einmal ganz groß bei mir. Die Firma mit dem Hakerl als Logo hat mir Turnschuhe und anderen Tand geschenkt. Endorsement. Jedes Jahr einige Paare. Viele Jahre lang. Deshalb haben meine geliebte Frau und ich Turnschuhe mit dem Geburtsdatum unseres Kindes zu Hause. Die haben sie extra für uns anfertigen lassen. Fand unser Kind immer peinlich.
Ein paar Jahre lang haben das auch die mit dem Anfangsbuchstaben unseres Kindes als Logo gemacht. Deshalb besitze ich knallgelbe Turnschuhe mit straußenledernem Logo-Buchstaben zu Hause, wo links und rechts je die Hälfte des Titels meines ersten Albums draufgestickt ist. Die wurden in Schottland gemacht, wohin ich gemeinsam mit einem turnschuhsammelnden Schauspieler und einem turnschuhsammelnden MTV-Moderator eingeladen wurde, auf eine Turnschuhreise zur Urfabrik der Firma, inklusive David-Beckham-Poster über der Nähmaschine, Whiskyverkostung und Beherbergung im Schloss. Sehr gut.

Neben den geschenkten Turnschuhen habe ich noch sehr viele andere bei mir zu Hause willkommen geheißen im

Laufe der vielen Jahre des Mögens und Wollens. Das Turnschuhe-geschenkt-Bekommen hat das Gegenteil vom Mir-keine-Turnschuhe-mehr-Kaufen bewirkt. Es hat das Kaufen turboisiert. Die sind so schlau, diese Konzerne. Oder ich einfach ein Opfer meiner selbst. Irgendwann war dann Schluss, mir das alles zu viel und zu arg und zu viel Platz verschlingend und zu doof und zu viele, die das auch machen, irgendwie alle Opfer, dass ich begonnen habe, alles zu verkaufen – auch die, die ich geschenkt bekommen habe, versteht sich. No mercy mit Großkonzernen. Eigentlich eine beschissene Haltung. Beiße die Hand, die dich mit Sneakers füttert. Wenigstens spenden hätte ich können ... Könnte ich immer noch ...

Am meisten gebracht hat mir das erste Signature-Turnschuhmodell des berühmtesten Basketballers aller Zeiten (nicht der mit Magic vorn, der andere). Das hat mir das Archiv des in Oregon beheimateten Konzerns, der mir die vielen Turnschuhe geschenkt hatte, abgekauft, fürs Museum.

Dass ich alles verkauft habe, stimmt gar nicht. Wer sich einmal versammelt hat, gibt nie alles her.

Einer, den ich behalten habe – neben dem mit dem Geburtsdatum unseres Kindes drauf und dem mit dem Titel meines ersten Albums drauf – hat Zebrastreifen aufgemalt und heißt Safari. Toller Name für einen Turnschuh. Warum ich genau den behalten habe, weiß ich gar nicht genau, vielleicht ja deshalb. Safari!
Den habe ich jedenfalls zum ersten Mal seit vielen Jahren wieder getragen, anlässlich eines denkwürdigen Nobelbezirk-Bankbesuches, von dem ich später berichten werde. Die Turnschuhe haben sich in der Bank unauffällig verhalten, wurden auch, zumindest offiziell, nicht besonders zur Kenntnis genommen, im Unterschied zu meiner Uhr,

auch dazu später. Und dann war die – Achtung, Spoiler! – feudale Privatspeisung in der Bank irgendwann vorüber und die Turnschuhe noch immer so vergnügt wie das Kipferl, das in einem schrulligen Jahrhundertwende-Holzpavillon mit Aussicht auf die Stadt Wien auf der Speisekarte steht: »Das vergnügte Kipferl«. Ich, auch vergnügt, trete vom Palais auf die Nobelbezirk-Einkaufsstraße und sehe, wie zuvor auch schon, das große Schild der Handelskette, die sich an Garten-, Handwerks-, Kulinarik- und Oldschool-Funktionsbekleidungsfreunde ohne handgemachte Geldsorgen wendet.

Ich hinein, Lokalaugenschein. Finde einiges, unter anderem einen Jahreskalender mit Stahlkantenumrandung für das kommende Jahr. Es ist September. Ich mache mir Sorgen um mich. Dem meisten widerstehe ich, außer einer Grillrostbürste mit Messingstacheln und einem Bio-Zedern-Saunaöl, einer Okkasion. Schrecklich. Und alle Mitarbeiter sind so aufrichtig nett, dass ich gleichzeitig vor Rührung heulen und mich ankotzen könnte. Die sind so clever, diese Gutmenschen-Handelsketten. Die machen alles richtig. Die kriegen sogar mich. Wobei. Sogar?

Natürlich strolche ich weiter. Schuhabteilung. Textilienabteilung. Wieder alles richtig gemacht. Alles aus Bio-Alpaka-Wolle. Gibt es überhaupt so viele Bio-Alpakas, wie es Bio-bürgerliche-Wohfühl-Strickware aus Alpaka-Wolle gibt? Oder ist die am Ende gar nicht bio und in Wahrheit vom Wollschwein?

Und dann diese politisch korrekten, tonnenschweren nostalgischen Arbeitsjacken für viel Geld, mit denen man gut geschützt die Rosen zurückschneiden kann, mit der Kupfer-Rosenschere für viel Geld in den Jute-Handschuhen für viel Geld, auf dem ledernen Knieschonkissen für viel Geld. Fühle mich gleichermaßen angezogen wie abgestoßen, ringe mit meiner Haltung, verachte die Verachtung genauso, wie ich sie liebe.

* Unser obsessiv
schwedische Nicht-
Volvo-Autos-sam-
melnder Nachbar
von gegenüber hatte
mich einstmals,
als er im Begriff
war, mit einem
seiner 334 Fahr-
nisse das Weite zu
suchen, instruiert,
dass ich eine Bau-
stelle vor seinem
Haus beaufsichti-
gen solle, für den
Fall, dass die
nach erfolgreicher
Rohrverlegung die
Großkopfkopfstein-
pflaster davontragen
und das Loch mit
Trash-Asphalt zu-
kleistern sollten.
Habe sie damit
konfrontiert,
bevor sie konnten.
Sie wussten sofort,
wie mein Hase
läuft und haben
versichert, dass
die Pflaster wieder
draufkommen auf den
Geh-, den Bürger-
steig. Ein Pflaster-
stein von diesen
kostet 25 oder 40
oder noch mehr
Euro, hatte mir
mein Nachbar noch
mitgegeben.

** Liebevoll
verniedlichende
Kurzform für die
Gumpendorferstraße
in Wien, Hauptader
einer vormals
garstigen und
düsteren Gegend

Und dann macht es leise »krach«. Ich gehe ein paar Schritte weiter und merke, dass da unten (weiter unten!) etwas nicht stimmt. Beim nächsten Halbschritt macht es »schlapp« und etwas hängt hinten von meinem Schuh weg, das ausschaut wie gefrorene Hundescheiße. Es ist ein Teil der Schuhsohle, die sich vom Schuh gelöst hat und deren ehemalige Weichmacher jetzt als Hartplastik-Granulat hinter mir ihre Spur ziehen wie bei Hänsel und Gretel. Die würden gut hierher passen ...

Hilfe, mein Safari löst sich auf! K-rach steht für Rache! Weil ich so böse gedacht habe. Wer schimpft, verliert. Ich muss die gesamte Schuhsohle vor Ort abziehen, es gibt keine Rettung mehr. Ich bemerke, dass sich beim anderen Schuh genau das gleiche Schauspiel anbahnt, auf die Halbwertzeit von Kunststoff ist Verlass! Nur lässt sich bei dem anderen die Sohle noch nicht komplett abziehen, was dazu führt, dass ich nur einseitig sohlenlos bin.

Die haben hier bestimmt auch diese sohlenlosen Barfußschuhe mit den Zehenfetischisten-Einzelzehen-Abteilen vorne. Ich bin jetzt ein unfreiwilliger Einfuß-Barfußschuhträger ohne Zehenfetischisten-Schuhspitze. Meine Sohle stecke ich mir ein. Für alle Fälle.

Soll ich mir jetzt hier neue Schuhe kaufen?

Ich beschließe sehr schnell »nein«, zahle und humple hinaus, auf die großkopfkopfsteinbeflasterten* Straßen des Nobelbezirks.

Zu Hause angekommen werde ich dann weiters beschließen, dass es wirklich keine Safari-Rettung mehr gibt und sie in die Tonne kloppen. Mein sehr guter, immer besserer Freund aus der Gumpe** hatte mir ein paar Tage zuvor seinen weißen Turnschuh ähnlichen Alters anvertraut, dessen Sohle sich auch gelöst hatte, anders zwar, aber auch gelöst. Dem hatte ich versprochen, dass ich ihn meinem

Turnschuhheiler um die Ecke zeige. Habe ich. Der hat gemeint: »Ich kann keine Brösel zusammenpicken.« Also auch
keine Rettung mehr. Trotzdem wollte mein Freund, dass
ich ihm seinen Schuh wiederbringe. Was er damit noch
vorhat, weiß ich nicht.

DER SAFE

Für meine Uhren habe ich einen Safe gemietet, bei der einzigen Bank mit echten Menschen und mit Safes drin, die es noch gibt in unserer Gegend. Der Saferaum ist klein und miefig und klaustrophobiefreundlich und mein Safe eigentlich ein Schließfach – zum Glück horte ich keine Kuckucksuhren, aber es gibt dort das schönste Licht aller Zeiten. Das scheint auf das einzige dort befindliche, mit Fake-Linoleum bezogene, von Schließfächern umrankte, miniaturkleine Tischpult.

Da mache ich dann immer einen kleinen Spaziergang hin, zeige meinen Ausweis her, manchmal, weil die meisten kennen mich schon, pflücke mir eine Uhr heraus, schnalle sie um, betrachte sie froh im schönsten Licht aller Zeiten und lege die, die ich davor getragen habe, hinein, nachdem ich sie ebenfalls noch einmal im schönsten Licht aller Zeiten betrachtet habe. Manchmal pflücke ich auch zwei oder drei heraus, wenn ich eine oder zwei verkaufen will oder muss. Die betrachte ich dann natürlich auch. Ein dekadenter Akt, und ich liebe ihn. Ich liebe auch den Gedanken, dass meine Hoffentlich-Pensionsvorsorge in diesem Safe liegt. Ich werde kein Geld von irgendwem bekommen, vom Staat nicht und von einer Kasse auch nicht. Also habe ich statt Gold Uhren im Safe, und solange da noch eine drinliegt, habe ich eine Pensionsvorsorge. Je nachdem, welche da dann noch drinliegt, wird das für einen Monat reichen oder für ein paar Jahre.

Muss man sich entscheiden?

Ich konnte mich nie entscheiden zwischen Indie und Glam, zwischen Swatch und Rolex. Zwischen zerrissen oder gülden. Irgendwann war zerrissen das neue Gülden und ich verwirrt. Aber: Muss man sich entscheiden? Muss ich mich entscheiden? Gibt es nicht auch ein Sowohl-als-auch und nicht nur ein Entweder-oder? Doch!

Ich bevorzuge die Sowohl-als-auch-Welt, meine Welt. Auch wenn ich ganz schön dran zu knabbern habe.

Unser weiser Nachbar hat mir gestern erzählt, dass irgendein anderer Weiser einmal gesagt hat: Lieber zehntausend Sachen einmal machen als eine zehntausend Mal.
Auch wieder Entweder-oder. Aber stimmt.

UHREN I

Unser weiser Nachbar ist als Sammler alter Schule auch in Sachen Uhren spektakulär unterwegs. Er sammelt antike Präzisionszeitmessgeräte, soweit ich das verstanden habe. Und es gibt kaum jemanden, der diese Uhren bändigen, reparieren oder überhaupt einstellen kann. Besitzen tut sie natürlich auch kaum wer.

Das mag ich so an ihm. Dass da dem Sammelobjekt und dem Sammler ein gewisser Wahnsinn innewohnt. Zeitmessgeräte, die bemerkenswert genau gehen, aber es kommt nie dazu, dass sie einem das zeigen können, weil sie nicht funktionieren.

So ähnlich war das auch bei meinem zweiten Uhrensammelzyklus, die Objekte der Begierde damals: Digital- und im Speziellen LED-Uhren.

Die einzige, die ich noch besitze – außer denen, die unser Kind annektiert hat – ist die schwarze Casio Auto Light Switch Tocotronic Special Edition. Das hat mich damals sehr beeindruckt, dass man es als Band so weit bringt, dass einem eine japanische Uhrenfirma den Bandnamen aufs Chassis druckt. Oder haben die das selber gemacht, dämmert mir gerade. Da einfach etwas eingestanzt? Egal.

Ich will glauben, dass das eine hochoffizielle Kooperation war und weiterhin meinen einzigen Weltruhm-Wermutstropfen mit mir herumtragen, es nicht so weit gebracht zu haben mit meiner Musik, dass ich eine eigene, nach mir benannte Uhr habe. »Rolex Explorer II Florian Horwath Special Edition« in Stahl, mit orangefarbenem Ziffernblatt und rotem Zeitzonenzeiger, und die Datumszahlen weiß auf schwarzem Hintergrund, zum Beispiel. Das wär was. Oder einfach eine Swatch mit rotblonden Locken. Oder eine Seiko mit rotem Knopf, und wenn man den betätigt, muss man sich zum Beispiel fürs Zuspätkommen nicht rechtfertigen.

Das mit den alten Digital- und im Speziellen LED-Uhren ist so: Man weiß schon beim Kauf, dass sie dem Untergang geweiht sind, und das ist irgendwie spannend, völlig bescheuert natürlich, aber eine Übung in Demut. Angewandter Anschauungsunterricht in Sachen Vergänglichkeit. Mit der Zeit lösen sich nämlich die Kristalle auf, die die Striche bilden, die die Zahlen bilden, die die Zeit anzeigen. Es gibt immer einen Tag X, an dem ein Strich plötzlich verschwunden ist, und dann ist der Verfall nicht mehr aufzuhalten, die Zeit löst sich sozusagen auf. Irgendwann leuchten nur mehr verstreute, vereinzelte Striche am Display auf, die einen an vergangene Zeiten erinnern, und daran, dass diese unwiederbringlich sind. Neue alte Uhrwerke dafür gibt es nicht, und Reparaturmöglichkeiten auch nicht. Die Zeit verwest einem einfach langsam am Handgelenk. Diese Uhren müssen so viel Energie aufwenden, um einem die rot leuchtenden Striche überhaupt zu präsentieren, die dann die Zeit repräsentieren, dass das Uhrenherz so lange ein schwarzes Loch ist, bis man einen Knopf betätigt, der die roten Striche aufweckt. Man kann der Verwesung also optional beiwohnen. Oder gar durch maßloses Knopfdrücken zum Verwesungsbeschleuniger werden. Dann ist der Ofen aus.

Besonders fantastisch ist die solarbetriebene Ragen-Syn-chronar-LED-Uhr. Sie schaut aus wie ein Rochen und vereinigt zwei unvereinbare Ziele: ausreichende Stromge-winnung am Handgelenk und Fütterung einer Nimmer-satt-Zeitmess-Maschine. Ich wollte sie natürlich haben. Ein Wunderwerk und wunderschön und ein Meilenstein des umweltbewussten Umgangs mit Energievergeudung, und obendrein ein geniales Businessmodell: Der womög-lich nicht unverrückte Professor, der die Uhr erfunden hat, war auch fürs Geschäft zuständig und hat sich über-legt, dass es doch gut wäre, wenn er nicht so stark ins Ri-siko gehen müsste in Form von Vorproduktion. Also hat er ein Vorauskassensystem ins Rennen geworfen, bei dem man die Uhr zuerst bezahlen musste und dann auf sie war-ten. Anfangs lange, dann sehr lange, dann so lange, bis es Jahre waren, weil der womöglich bis dahin ganz verrückt gewordene Professor in retournierten Uhren, die nicht funktioniert haben, untergegangen ist und keine Hände mehr frei hatte, um neue zu basteln für die Kunden, die schon vor sehr vielen Jahren für eine bezahlt hatten. Das war das vorläufige Ende der Synchronar. Es gab einen spä-teren Relaunch-Versuch unter neuem Namen, aber auch der hat, glaube ich, nicht ganz so funktioniert, wie es der Plan verdient hätte. Inzwischen gibt es längst keine pas-senden LED-Module mehr, funktionierende Synchronars sind ausgestorben.

Ich habe nach reichlich ausgekosteter LED-Goldgräber-stimmung und Schnäppchen ohne Ende gerade noch die Kurve erwischt, bevor sich endgültig alle meine Uhren in die Dunkelheit verabschiedet haben.

Danach war lange Pause mit Uhren.
Ich habe viele Jahre keine getragen.

Aber es geht nie ganz weg. Es bleibt immer da. Es ist mit einem verwoben, ein Spinnennetz, das oft unsichtbar ist, aber wenn die Sonne im richtigen Moment draufscheint, dann erstrahlt es wieder in voller Pracht.

So wie damals, als ich eine Filmmusik gemacht und ein paar Jacken verkauft und ein bisschen was auf der wackeligen Kante hatte. Da hat es mich wieder durchzuckt, nachdem es mich schon einmal durchzuckt hatte ein paar Jahre davor – und ein paar Jahre davor.

Das war so: Ich war auf Europa-Tour mit den Cardigans. Notiz am Rande, eher im Zentrum: Meine jetzige Frau war damals mit unserem jetzigen Kind, das schon fast erwachsen ist, hochschwanger.
Hat mich nicht davon abgehalten, auf Tour zu gehen, für die Tour ein Wohnmobil zu chartern und gemeinsam mit unserem hochsympathischen und hochsensiblen amerikanischen Tontechniker nach Schweden zu fahren, um meine schwedischen Mitmusikanten abzuholen.
Aufgrund innerer Umstände konnte der amerikanische Tontechniker zu Beginn nicht pilotieren, also bin ich die ganze Strecke durchgebrettert, wir haben meine fantastische Band Mom and Dad eingesammelt und sind Richtung Tourstartort gebraust. Bei der ersten Tanke nach der familiären Vereinigung ist mir dann der Saft ausgegangen. Als weiterer Fahrer ist nur »Dad« infrage gekommen, weil »Mom« aus gesundheitlichen Gründen keinen Führerschein besitzt und der Onkel aus Amerika, wie wir ihn schnell im Sinne des systemischen Teambuildings getauft hatten, eben indisponiert war. Also, classic style, Dad ans Steuer, davor an die Zapfsäule. Schlüsselübergabe an Dad, Bussi Bussi, ich nach hinten ins Nest, Augen zu, instant Tiefschlaf – und nach 4 Minuten eine Stimme: »Florian, can you come? There is something not quite right here.« Aus dem Nest geschält, hinausgetorkelt, meinen müden

Augen nicht getraut. Der Rest der Familie hatte den Dieseltank mit dem Wassertank verwechselt. Sich zwar gewundert, warum der Diesel da so schwer reingeht in das kleine Loch, aber dennoch frohgemut weitergetankt. Ab da waren wir mit Dieseldusche unterwegs, also ab dem Anfang.

Soll man was machen? Was soll man machen?
Kann man nichts machen. Und weiter.

Wir haben also weder Dusche noch Klo noch Waschbecken jemals benutzt auf der Tour – Todesgefahr. Das Mikro-Bad wurde deshalb zum Schlagzeug- und Bierlager umfunktioniert, duschen für überschätzt gehalten, Smells like Team Sprit, Duftbaum brauchten wir auch keinen mehr, und Zigaretten – weder lustige noch unlustige – durfte man sich im Innenraum unter keinen Umständen und in keinen Zuständen anzünden. Todesgefahr extreme. Zum Glück haben sich Mom und Dad ohnehin kleine aufmunternde Säcklein unter die Oberlippen gepresst, was ohne Feuer zu bewerkstelligen war. Zumindest bis zu dem Tag in Belgien, an dem die Säcklein gar waren und die Stimmung innerhalb von wenigen Sekunden in den im Wohnmobil nicht vorhandenen Keller gerutscht. Todesfalle Nikotin mit Glasscherben.
Also in der Not rauchen wie die Großen, als gäb es kein Morgen, als wäre es höchste Eisenbahn für Lungenschädigung. Die kommenden zwei Wochen waren eine nervenzersetzende DHLFEDEXUPS-Zitterpartie mit zumeist unhappy end, weil wir immer zu früh oder zu spät da waren, wo die in Schweden bestellten Nachschub-Säcklein mit dem Gift schon oder noch nicht gewesen waren. Also weiter rauchen, weiter sehr viel rauchen. Mom & Dad im Nebel. Kurz vor Ende der Tour ist ein Paket oder eher irgendeines von den vielen bestellten dann doch dort angekommen, wo wir kurz später auch angekommen sind.

Da war es dann aber schon zu spät.
Happy End mit Weiterrauchen.
Abgedriftet. Eigentlich soll es ja um eine Uhr gehen.

Der amerikanische Onkel und ich stehen gern früh auf und spazieren durch die Gegend. Dad auch, aber der steht noch früher auf.
Besonders gern früh aufgestanden sind wir in London, wo uns mein herzallerliebster Acid-House-Gott Mark M bei sich aufgenommen hatte, zum Duschen und überhaupt, weil herzallerliebst. Das Dieselmobil war unten geparkt, dort, wo sie den Schmusefilm mit Julia Roberts und dem englischen Herzensbrecher, dessen Namen ich immer vergesse, gedreht hatten. In London soll man sich nicht mit den Parkwächtern spielen, hatte uns mein herzallerliebster Acid-House-Gott gewarnt. Ab acht muss eingeworfen werden, sonst Höchststrafe oder Wohnmobil weg. Amerikanischer Onkel und ich wollen also einwerfen gehen, es ist zwei Minuten vor acht und unser Wohnmobil 100 Meter entfernt. Plötzlich löst sich vor uns aus dem Schatten der beiden an das Dieselmobil angrenzenden Autos eine uniformierte Gestalt – die fix kein Palastbewacher ist, weil keine Pelzmütze –, stürzt sich auf unser Wohnmobil und fotografiert in Überlichtgeschwindigkeit die Windschutzscheibe mit ohne Parkschein. Wir schreien – ich mehr als der amerikanische Onkel –, rennen auf die Gestalt zu, fuchteln mit Handys und Uhren herum und versuchen zu erklären, dass es noch nicht acht Uhr ist und wir gerade im Begriff, einen Parkschein zu lösen und zu applizieren. Die Gestalt schüttelt nur den Kopf, lächelt dämonischer, als es jeder Shining-Jack-Nicholson zusammenbrächte, und murmelt so etwas wie: Pech gehabt, hab schon ein Foto gemacht, bei mir war es acht. Ende der Durchsage. Ende der Nichtverhandlung. Ende Gelände. Mein herzallerliebster Freund Mark M hatte uns gewarnt.

*****

EXKURS

Viele Monate später habe ich dann ein Schreiben aus England bekommen. Darin wurde mir erklärt, was passiert war. Parken ohne Parkschein und dass ca. 793 Pfund fällig wären. Nicht ganz so viel, aber unfassbar viel. Die Tour war damit endgültig ein finanzielles Desaster der Sonderklasse. Allein der Nichtparkschein und die Herausreißung des dieselverseuchten Wassertanks und sämtlicher Leitungen und die Hineinbauung eines neuen Innenlebens haben mehr gekostet, als ich seither von Spotify und iTunes zusammen bekommen habe. Wert war es selbstverständlich jede müde Kröte!

*****

Der Onkel aus Amerika und ich also deprimiert und gedemütigt. Trotzdem halten wir an unserem frühmorgendlichen Plan fest, einen Flohmakt zu besuchen. Der ist dann mehr ein Antik-Trödelmarkt für Touristen, aber egal. Geschult von unzähligen Besuchen dieser Art schlendern wir am Tand vorbei in die dunkleren Ecken, dorthin, wo keine großen Aufbauten für feilgebotenes Kramuri* aufgestellt wurden. Dorthin, wo Pelzmäntel neben Trainingsjacken hängen, wo es leicht nach Urin riecht und die Zukunft ungewiss ist.

Ebendort begegne ich, unvorbereitet wie ein Küken, das einem unbefruchteten Hühnerei entsteigt, der Uhr meiner Träume, einer alten grobschlächtigen Taucheruhr von der Firma mit dem Seepferdchenlogo, die einen so überdimensionalen rotleuchtenden Drucknopf an der Seite

* österreichisch
für Krimskrams

hat, dass man sich nicht vorstellen kann, dass der Knopf nicht für das Auslösen nuklearer Sprengköpfe gedacht ist, sondern um die Lünette davon abzuhalten, sich bei einem Tauchgang in die falsche Richtung zu drehen und somit den Taucher in den Tod durch kein Sauerstoff mehr zu treiben, weil das Zeitgefühl unter Wasser trügt und der Sauerstoff aus der Flasche das Hirn trübt und es da schlau ist, zu wissen, wann man wieder auftauchen sollte. Sie ist dagelegen wie bestellt und nicht abgeholt, dahinter ein melancholisch dreinschauender Mann, daneben ein paar andere erstaunlich spektakuläre Uhren – und sonst nichts. Ich darf die Uhr angreifen, bestaune sie, sehe, dass sie sehr niedergeritten ist und bemerke hinten eine Gravur. »Jacques Letoir 1967«. Der melancholische Mann bemerkt, dass ich die Gravur bemerke, und beginnt in einem erstaunlich vertrauten Akzent zu erzählen, dass die Uhr von einem südafrikanischen Taucher stammt, der sie ihm verkauft hat. Das erzeugt eine sofortige Geschichte des Leidens, des Weltschmerzes und der Apartheid in mir, die ich nicht teile, und erklärt den desaströsen Zustand der Uhr. Ein Mann, der nicht verzweifelt wäre, würde so eine Uhr nicht verkaufen, sondern herrichten lassen, vor allem, wenn hinten sein Name eingraviert ist. Egal, Wheeler-and-Dealer-Modus angeworfen und mitten in die Wunde.

Funktioniert die Uhr einwandfrei? Wann letzter Service? Teile alle original? Nicht gefladert*? Mein Gegenüber im gleichen Modus wie ich, erklärt in stärker und vertrauter werdendem Akzent, dass alles paletti und die Uhr eine Rarität und überhaupt und tralala. Jetzt mein Trumpf: (Weil ich keinen ausgeprägten Akzent habe, hoffe ich, dass es mein Gegenüber nicht inzwischen selbst bemerkt hat ...) Sind Sie aus Österreich? Augen leuchten, kurz. Ja, aus Vorarlberg. Ich: Tirol. Er: Echt? Wir (ohne Worte): Verbrüderung der Bergbewohner, der von denen im Osten Belächelten. Stille. Karten neu gemischt.

* Österreichisch
für geklaut

Wieder in den Modus.

Übliches Geplänkel und tralala.

»Was kost' die Uhr, ist ja ziemlich bedient.« – »Ja, aber
Originalzustand. Unpoliert. Und diese Historie.« Preis
nennt er keinen. »Ja, aber ich kann nicht wissen, ob das alles passt, weil hier am Flohmarkt kann man ja nichts überprüfen.« – »Doch, selbstverständlich. Ich habe eine Lupe
mit. Ich kann die Uhr öffnen.« (Punkt für ihn. Ich habe
keine Ahnung von Uhrwerken, weiß nicht einmal, welche
Seite der Lupe die ist, die ans Auge gehört.) »Ja, aber wenn
so eine Uhr hier landet, muss es dem Verkäufer ziemlich
schlecht gegangen sein, dann kann sie in der Anschaffung
nicht so teuer gewesen sein.« – »Er hat sie einfach nicht
mehr gebraucht, weil er nicht mehr taucht.« (Halber Punkt
für mich.) Dann die Tacheles-Phase. »Also, was willst du?«
(Bergmenschen am besten immer duzen bei Verhandlungen.) »Dies und das.« Es rattert bei mir. Gar nicht so viel,
trotzdem viel zu viel. All in.

Ich weiß genau, wie viel Geld ich einstecken habe. Ich habe
ein paar Euro, ein paar Schweizer Franken vom Merchan-
dising-Feuerwerk in Zürich, ein paar Pfund vom Konzert
gestern in der Royal Albert Hall – dort, wo selbst die Großen (die anderen, die mit dem dicken Tourbus, die trotzdem immer lieber bei uns im Dieseltank-Partymobil Bier
trinken wollen nach der Show) backstage ausschließlich
mit Vinegar Chips, Wasser und Bier versorgt werden – und
ich habe eine Bankomat-Karte, mit der ich soundsoviel ab-
heben kann.

Offenbarungseid-Phase; kein weiteres Geplänkel möglich.
»Ich habe insgesamt das und das und das in der und der
und der Währung, mehr hab ich nicht. Wir sind auf Tour,
armer Musiker, Tränendrüse, und das biete ich dir an.« –
»Das kann ich auf keinen Fall machen. Die Uhr ist viel mehr
wert. Da brauch ich mehr. Das geht nicht.« – »Okay. Fol-
gender Vorschlag: Wir gehen jetzt noch eine Runde und

kommen kurz vor Ende der Veranstaltung wieder. Bis dahin kannst du es dir überlegen, falls sie noch da ist.« So war es dann auch. Wir sind herumstrawanzt, haben den einen oder anderen Tand dann doch nicht gekauft, auch weil kein Platz. Im Dieselmobil waren bereits drei großformatige Bilder, ein kleiner Altar und ein altes Rennrad verstaut, alles erstanden am besten Flohmarkt aller Zeiten in Brüssel, was die Party-Aktivitäten erheblich erschwerte. Bei unserer Rückkehr war die Melancholie im Exil-Vorarlberger einer leichten, dennoch von Weitem spürbaren Verzweiflung gewichen. Der Rest war schnell erledigt. Bankomat geschlachtet, Geld übergeben, in teils sehr kleinen Scheinen, Uhr umgeschnallt und Dankeschön.

Glückseligkeit am Handgelenk.
Auf Vorarlberger ist Verlass.

Die Uhr von Jacques Letoir hat die kommenden Jahre einwandfrei funktioniert. An ihrem äußeren Erscheinungsbild – Unterwasserruine mit Pilzbefall – hatte sich nichts verändert. Die Uhr in die Schweiz zum Service zu schicken war mir zu riskant erschienen, ob der immer wieder prekären finanziellen Umstände zurück in der Heimat.

Das window of opportunity kam so unverhofft wie die Uhr selber, indirekt durch den Umstand, wieder in der Heimat (was ist das eigentlich?) zu sein: Unser liebster Schwager hat meine Frau und mich gefragt, ob wir für einen Kunden, für den er arbeitet, als Modelle für Schmuck oder Uhren oder beides zur Verfügung stehen wollen – neben Ex-Fußballern, Dirigenten und sonstigen berufsauffälligen Menschen. »Was ist der Deal?« – »Na ja. Er ist euch einen Gefallen schuldig.« Klassische österreichische Mafiaschule vom Feinsten. Jedenfalls – wir waren dabei, und ich wusste meinen Gefallen schon ganz genau.

Also nach Posierung, Ablichtung, Fertigstellung des Druckwerks und allgemeiner Begeisterung hin zu ihm. »Ich habe da diese Uhr. Sie braucht dringend einen Service.« – »Okay, kein Problem. Wir schicken sie in die Schweiz und melden uns, wenn sie zurück ist.« Danksagung. Euphorie. Vorfreude. Warten. Nachfragen, Hoffen, Warten. Nachfragen. Ärger. Nicht mehr nachfragen. Irgendwann, sehr viel später, als mein Kindheitsbewältigungs-Alzheimer die Uhr schon fast über den Jordan des Tales der Erinnerung bugsiert hatte, ein Anruf.

»Sie ist da.« Ich hin. Übergabe. Alles ausgetauscht, von der Lünette über die Zeiger, das Glas, bis zum Ziffernblatt und dem roten Knopf.

Das mit dem roten Knopf konnte ich verstehen, der war schwer angenagt. Aber das andere auch? Die schaut ja aus wie neu. Auch gut. Wird schon passen. Will mich dankend verabschieden, werde jedoch darauf hingewiesen, dass noch was offen ist. Aha. Was denn, warum denn, wie viel denn? ... (sehr viel). Ich fassungslos. Ist der Chef da? Nein, leider. Überlege, die Uhr dort zu lassen. Schaffe ich dann nicht. Bezahle mit Kreditkarte eine Summe, die den damaligen Kaufpreis weit übersteigt und schreibe dem Chef.

Ergebnis: Das war schon der Freundschaftspreis.
Wir werden keine Freunde mehr, Herr von.

Wieder ein paar Jahre später hat mich eine honorige Tageszeitung gefragt, ob ich ihr im Rahmen einer Bildergeschichte eine Sache zeigen möchte, die für mich von besonderer Bedeutung ist. Es war die Uhr mit dem roten Knopf. Ich wurde befragt, habe ihnen die Geschichte erzählt und das Ende mit der Schweiz ausgelassen. Inzwischen war ich darüber aufgeklärt worden, dass man bei einer alten Uhr nie!!!!! das Ziffernblatt oder die Lünette oder die Zeiger tauschen darf, und schon gar nicht das Gehäuse polieren – auch das hatten die Eidgenossen im Rahmen des achtmonatigen Wellness-Aufenthalts meiner Uhr verbrochen –, was mir das Verschweigen der Schweizgeschichte weiter erleichtert hat. Dazu wurde ein hübsches Bild von mir mit der Uhr gemacht und ich im Text zitiert. »Diese Uhr werde ich nie verkaufen. Die bekommt unser Kind, wenn es 18 ist.«

Einige Jahre später: Jammertal. Alles liegt darnieder. *Digital ist besser. Money for nothing and the* music *for free.*

Zuerst meine alten Seiko Chronos von vor ewigen Zeiten an einen netten Herrn verkauft, dessen Tochter auch Musikerin ist und der mich beschworen hat, ihr nie zu erzählen, dass wir uns kennen, geschweige denn, dass wir Uhrendeals abgeschlossen haben. Habe ich das jetzt hiermit verraten? Nein, finde ich.
Seiko zahlen Miete, zumindest kurz. Tal hört nicht auf. Jacken alle weg. Muss den roten Knopf drücken, Last Exit Ploprof.* Biete sie feil, werde kontaktiert. Treffe den Mann. Er kennt mich und auch die Geschichte aus der Zeitung. Und ich habe das Gefühl, dass ihm das besonders gut an der Uhr gefällt, dass ich sie eigentlich unserem Kind zum 18. Geburtstag schenken wollte und das sogar in die Zeitung hineinschreiben habe lassen. Ich hasse ihn ein wenig und bin trotzdem froh, dass er mir den Knaster überreicht. Verhandeln habe ich ihn mit mir nicht lassen. Er wollte, was ich ihm sehr übel genommen habe.

Mein gerade zum Leben erwachter Geheimplan ist, dass ich versuche, die Uhr wieder zurückzubekommen, sie aus dem unglaublichen Vorschuss für dieses Buch bezahle und das Geschäft abgewickelt habe, bevor es erscheint, und er es womöglich liest, weil er sich an meiner Misere aufgeilen will.

* So wird die Uhr mit dem roten Knopf unter Eingeweihten genannt.

Man sieht sich immer zweimal im Leben. Der blödeste Cowboyduellspruch aller Zeiten, und der wahrste. Und wenn nicht in diesem, dann in einem anderen.

* * * * *

EXKURS

Das einzig Doofe an der Sache: Die Uhr ist inzwischen doppelt so viel wert. Aber vielleicht waren die Schweizer zumindest so anständig, dass sie mir die ersetzten Originalteile mitgegeben haben damals. Ich kann mich nicht erinnern. Ich werde suchen. Dann werde ich die wieder einbauen lassen und mir wünschen, dass der Leichenfledderer sie in der Zwischenzeit zumindest ein bisschen abgeschrabbelt hat. Halte ich für unwahrscheinlich. Tippe auf Tresor. Bin gerade sehr unfair. Er war eigentlich nett. Trotzdem!

Unser Kind hat wahrscheinlich sowieso null Bock auf das Unterwasserungeheuer, oder »Umgeheuer«, wie es immer gesagt hat. Egal. Es geht ums Prinzip. Um welches? Egal. Hauptsache Prinzip. *Im Zweifel für den Zweifel.*

* * * * *

UHREN 2

Dann war lange Ruhe, ich ohne Uhr und auch gut. An einem trüben oder vielleicht auch sonnigen Tag im Herbst hat mich aus dem Nichts der Blitz gestreift. Ich wollte eine Rolex haben. Mein Vater hatte meiner Mutter vor langer Zeit eine auf einem Trödelflohmarkt gekauft, zum Juwelier geschleppt, überprüfen lassen, alles okay gewesen, und sie ihr dann geschenkt.

Seither sagt mir meine Mutter immer, dass ich die einmal bekommen werde. So lange will ich aber nicht warten und auch nicht hoffen, dass der Tag bald kommt.
Also selber aktiv werden. Das geht bei mir schnell. Ins Internetz geglotzt, wie wir sagen. Eine herrliche alte (60er-Jahre) GMT Master mit der Zusatzbeschreibung »Stardust und Tropical« gefunden. Genau meins, Stardust und Tropical! Nicht lang herumgefackelt. Das Geld, das mir gerade von ein paar Jacken geschenkt worden war, ins PayPal geschmissen und zwei Tage später war sie da. Ein funkelndes Wunderwerk der Bling-Bling-Kunst. Die gebe ich nie wieder her. Recherchiert habe ich im sehr kurzen Vorfeld nicht. Hätte ich womöglich sollen. »Stardust« ist so etwas wie die Umschreibung für: Es blättert etwas vom Ziffernblatt ab, wo man nicht sagen kann, ob das jemals

aufhört. Habe ich später erfahren – später, als ich die Uhr doch wieder hergeben wollte, wobei »wollte« nicht die richtige Umschreibung ist. Bei meiner familientherapeutischen Ausbildung gelernt: Wenn man sagt, »Ich kann nicht«, sollte es eigentlich in den allermeisten Fällen »Ich will nicht« heißen. Durch das »Nicht-Können« gibt man die Verantwortung für seine eigenen Taten ab. Weil meistens könnte man, wenn man wirklich wollte. Sich mit wem treffen und das andere Treffen verschieben, ein Loch in eine Wand bohren, eine ÖBB-Vorteilscard verlängern, eine Lasagne zubereiten. Manche Dinge kann man natürlich nicht, wie Kitesurfen oder Klarinette spielen, aber die könnte man lernen. Bei mir war es nun so, dass ich weder nicht konnte noch wirklich wollte, ich musste. *After the sun comes rain, after the rain comes sun again.*

Ist man eigentlich ein Narzisst, wenn man ein Buch schreibt, das mit einem selber zu tun hat, oder ein Lied? Mir ist es grundsätzlich unangenehm, über mich selbst und/oder meine Taten zu sprechen. Vielleicht singe oder schreibe ich deshalb über sie. Narzisst? Passive Narzässive?

Die Uhr musste jedenfalls weg, Narzisst hin oder her. Unsere herzallerliebsten Berliner Freunde hatten mich beschworen, dass ich diese Uhr nie hergeben soll, und unser herzallerliebster Berliner Freund hätte mir auch Geld geborgt. Das wollte ich nicht. Strenge Rechnung, gute Freunde. (Mein Tippgerät hat gerade geschrieben: »Strange Rechnung, gute Freunde.« Auch gut!)
Das hätte ich damals auch mit einem mir sehr am Herzen liegenden Familienmitglied machen sollen, strange Rechnung, gute Freunde, als diese Person das mir von meinem Onkel übertragene Piaggio-Moped geschrottet hat. Davon haben wir uns nie mehr ganz erholt.

Uhr inseriert. Gewartet. Das kenn ich vom Fischen, Gott sei Dank! Lange gewartet. Sehr lange gewartet. Dann der Biss. Ein vermutlich junger Mann aus London schreibt, ob ich mir sicher bin, dass die Uhr aus dem Jahr ist, das ich im Inserat angegeben habe. Ich bin mir sicher, er meint, sie sei für seinen Vater zum Geburtstag, das ist sein Geburtsjahr. Ratter, ratter. So ein junger Knilch hat die Knete, seinem Vater, der kaum älter ist als ich, so eine Uhr zum Geburtstag zu schenken? Nicht einmal ein runder, oder? Ich reime mir, in der Hoffnung, dass es stimmt, zusammen, dass da sicher die ganze, sehr große Großfamilie und alle Freunde und Freundesfreunde zusammenlegen, und noch ein Bausparer geschlachtet wird und Gold eingetauscht und Zahngold eingeschmolzen, damit es sich ausgeht, mir das ganze, inzwischen tatsächlich mehr gewordene Kaufpreisgeld zu überweisen. 20 % mehr in 4 Jahren, nicht schlecht, in Bausparer- und Sparkonto-Dimensionen nicht schlecht. In Rolex-Dimensionen ein Witz, da wird in 100 %-Schritten gerechnet. Egal, muss sein. Oder soll ich ihm absagen? Das kann ich ihm nicht antun und mir auch nicht. Deal done. Uhr verschickt.

Nie mehr was gehört aus England. Kein »I love the watch, adorable«, oder »My father was so happy, thank you«. War doch ein Investmentbanker, wusste ich es doch eigentlich eh von Anfang an. Und Vater gibt es keinen. Taktisches Tränendrüsengedrücke. Die Uhr liegt im Penthouse im Safe und wird von einem sündteuren Beweger am Leben gehalten, der dem Ziffernblatt die Stardust-Schneeflocken herunterschüttelt.

Wenn mich einmal etwas in seinen Bann gezogen hat, dann lässt es mich nicht mehr los. Ich muss es dann nicht immer besitzen, aber manchmal. Ob das eine Sucht ist, habe ich mich gefragt, seit in mir das Jacken-Uhren-Feuer brennt – und auch manchmal das Turnschuh-Feuer oder das Platten-Feuer oder das Stühle-Feuer –, seit ich mich erinnern kann, seit ich weiß, dass es so etwas wie Sucht gibt. Die Sucht will einem etwas geben, das fehlt, genauso wie das Sammeln. Wenn man das Fehlen nicht als Fehler und auch nicht als Mangel betrachtet, löst sich das Problem in sich selbst auf. Das Problem ist unser schlechtes Gewissen. Vielleicht ist das auch nur bei mir so, glaube ich aber nicht. Wenn ich mich mit meinem Gewissen anfreunde, dann sehe ich einen klaren Bergsee voller Möglichkeiten. Dann kann ich das eine kaufen, das andere verkaufen, tauschen, jedes Bier der Welt trinken, ohne dass meinem Gewissen schlecht wird. Und dem wird schlecht, weil mir jemand einmal gesagt hat, dass das so sein muss, weil das bei uns so ist, weil das der Gott sagt und der Staat und die Oma, dass das eine gut ist und das andere schlecht. Da mach ich nicht mehr mit. Was gut und was schlecht ist, bestimme ich. Und wenn mir das gelingt, dann darf in meinem klaren Bergsee schwimmen, wer will, der bunte Turnschuh mit dem Schlitz zwischen den Zehen, die wasserundichte Sternenstaubuhr, die wasserdichte Plastikuhr, die Raf-Simons-Camo-Bomberjacke, das Punk IPA, ohne schlechtes Gewissen und Trübsal. Solange ich jedes dieser Schwimmtiere nicht brauche, um nicht zu ersaufen, sondern sie mir Freude bereiten, dann ist das in meiner Widde-Widde-wie-sie-mir-gefällt-Welt keine Sucht. Sucht packt zu und lässt nicht mehr los, es ist ein schmaler Grat, dünnes Eis, aber solange das Wasser darunter klar bleibt und der Boden sichtbar und die Fische, bin ich sicher vor der Sucht. Suchen tue ich trotzdem. Finden auch. Und am meisten Freude habe ich eben, wenn meine Frau oder mein bester Freund* ein Kleidungsstück von mir tragen, von dem ich einmal kurz gedacht hatte, ich könnte ohne es nicht leben.

Und wenn ich wieder im Kontoschlund stecke und alles wegmuss, zeigt mir mein Handy auch die Uhrzeit.

* Bei unserem Kind ist das ähnlich und anders. Weil dem sind Gewänder egal. Es gibt ein Sweatshirt von Raf Simons, auf dem steht in College-Schriftzug Nebraska vorne drauf. Das gab es Anfang der Jahre mit den zwei Nullern in der Mitte in einer normalen Version und in einer extrem abgeschrabbelten, mit fetten Löchern und Mottenattacken-anmutung. Das kostet längst viele Tausender – ich hatte es einmal und habe es sofort weitervercheckt. In London habe ich dann auf so einem Hipster-Flohmarkt einen alten roten College-Sweater mit dem exakt gleichen Nebraska-Schriftzug gekauft, in Feuerrot. Er war mir ein bisschen klein, trotzdem gekauft, natürlich. Inzwischen trägt ihn längst unser Kind, es ist sein Lieblingssweater, soweit man das bei einem behaupten kann, bei dem es »Lieblings« in Zusammenhang mit »Gewand« nicht zu geben scheint. Wer Raf Simons ist, weiß er nicht, wäre ihm auch egal.

Auf ganz lange Dauer möchte ich das jetzt allerdings nicht mehr machen.

Anstrengend ist es schon oft. Aber halt auch so toll, das Gefühl, etwas zu Hause zu haben, das man im Falle eines Falles in die digitale Sternenstaubwelt schmeißen kann, und dann wieder kurz ohne Schnappatmung schlafen. Wobei, das ist jetzt eine Lüge, das kann ich eigentlich immer, schlafen.

Alternativen: Lotto – nicht meins. Glücksspiele aller Art – nicht meins. Aktien – zu gefährlich für mich. Lohnarbeit im Angestelltenverhältnis – für immer abgehakt. Erbschaft – gerne. Also weitermachen.

UHREN 3

Die nächste Welle ist genau so gekommen, wie die letzte gegangen ist. Einfach so.

Irgendwo im Internet eine Uhr gesehen, ja, Rolex. Bei einem freundlichen Spanier, mit dem ich mich selbstverständlich gleich angefreundet habe. Uhr gekauft und noch eine, dann die beiden gegen eine andere eingetauscht. Quasi hochgeschlafen. Wie ich später feststellen sollte, ist der Verkauf und Rücktausch von – jawoll! – Luxusuhren ein lukratives Zweitverwertungsfeld für Dealer. Die semiseriösen verdienen nur manchmal doppelt, die Gangster immer, und die seriösen sind zufrieden damit, einmal mit einer Uhr ein gutes Geschäft gemacht zu haben, nicht zweimal, deshalb sind sie oft daran zu erkennen, dass die ausgerufenen Preise höher sind und der Verhandlungsspielraum geringer. Oft, aber nicht immer. Leider keine Faustregel. Tolles Wort, Faustregel. Gibt es das beim Boxen auch?

Nach der Honeymoonphase mit meinem freundlichen Spanier begann ich auch ein paar andere Vintage-Uhren-Hypnotiseure zu beschnuppern und habe einen Klassiker reaktiviert:

Ebay.

Dort bin ich sofort einem Italiener ins Netz gekrault, der eine wunderschöne Uhr mit dem Beinamen »James Bond« unfassbar günstig angeboten hat. Sofort zugeschlagen. Uhr bekommen. Wieder keine Ahnung, was es mit James Bond in Zusammenhang mit diesen Uhren auf sich hat, aber irgendwie ein komisches Gefühl gehabt, von Anfang an. Auf meine Frage – eine, die man eigentlich vorher stellen sollte –, ob alles echt ist an der Uhr, die Antwort: »Es ist die Uhr meines Großvaters, der sie lange hatte und der hat gemeint, alles okay.« Immer schlecht, Uhrengeschichten mit Großvätern. Langsam vermute ich, dass das Ziffernblatt nicht das originale ist. Wieder geschrieben, wieder halbseidene Antwort. »Ich war bei verschiedenen Uhrmachern. Manche meinen so, manche so. Der wichtigste und beste aber so, also dass es das originale ist.«

Sehr schlecht.

Ich befrage meinen Spanier. Der ist sich nicht sicher, aber auch nicht ganz unsicher, ob das Ziffernblatt echt ist. Trage die Uhr, mulmiges Gefühl bleibt.

Schnitt.

Eine neue Uhr taucht auf.
Genau so eine, wie ich damals nach London zum wahrscheinlich Investmentbanker geschickt hatte.
Stardust! Noch dazu in Kanada. Noch dazu die Uhr eines Piloten, dessen Beruf es war, Pestizide über Felder zu verteilen. Na ja, muss auch jemand machen. Vielleicht schaut die Uhr deshalb so verwegen aus. Geschont wurde sie nicht, gepflegt auch nicht und schon gar nicht poliert. Seitlich am Gehäuse ist außerdem der Name des Vorbesitzers eingraviert, und die Jahreszahl des Erwerbs, bestimmt ein runder Geburtstag oder ein Erwachsenwerden – oder Vietnam. Zeitlich würde das passen, und wie ich

später erfahren sollte, haben sich viele Vietnam-Soldaten von ihrem Sold eine damals spottbillige Rolette gekauft, auch damit sie im Fall des Falles des Fallens per Gravur auf ihrer Uhr identifizierbar sind, falls es ihnen das Gesicht wegradiert hat. Die Chance, dass genau die Gliedmaße, an der die Uhr hängt, weggesprengt wird, haben sie wohl für geringer eingeschätzt. Aber ein Kanadier in Vietnam? In Geschichte immer innerlich gefehlt. Obendrein hatte die Uhr das Original-Nichtoriginalband dran, ein ebenso verwegenes naturgegerbtes Lederband mit Nato-Band-Schließe.* Und die ursprünglich rote Hälfte der Lünette war leuchtend fuchsiafarben verfärbt, ein Phänomen, das bei einer bestimmten Charge von Lünetten aufgetaucht ist. Dass der Giftspritzpilot seine Uhr seinem Freund vermacht hat, der dann direttissima vom Begräbnis zum lokalen Uhrendealer gewandert ist, um sie zu verchecken, hat mich weiter bestärkt, sie mitsamt ihrer Geschichte zu erretten.

-----

* Das Uhrbandende wird doppelt eingefädelt, damit es sich nicht in der Waffe oder im Flachmann verheddern kann.

Uhr gekauft, fast am Zoll gescheitert. Mit dem grimmigen Verkäufer telefoniert, gerade noch die Rolexkuh durch Scheinrechnungssendung vom Eis geholt, bevor er sie vom Zollamt zurückbeordern konnte.

Die Leute von der italienischen Adriaküste

Nachdem mir die eine Uhr wegen des Zweifels nicht so ans Herz gewachsen war und die andere zwar schon, aber eben alles auch wieder wegkann bei mir, habe ich, als ich eine unfassbar wilde und fantastische Uhr im digitalen Uhren-El-Dorado gefunden habe, deren Ziffernblatt aussieht wie toskanischer Marmor, falls es so etwas gibt, und deren Lünette rund um den 12er ein rotes Dreieck hat, das das Afficionado-Erkennungszeichen für »Seltenstes vom Seltenen« ist, Red Triangle!, da habe ich mir gedacht, ich frage die ultraseriös wirkenden Damen und Herren, die in ihrem digitalen Geschäft Uhren im Gesamtwert von sicher 40 Millionen Euro anbieten, ob sie vielleicht mit mir tauschen wollen.

Rotes Marmordreieck gegen Stardust Fuchsia und im Zweifel gegen den Zweifel. Kann nicht klappen.

Antwort per WhatsApp. »Fuchsia is okay, the other one is a complete fake. Give it back to the seller as soon as you can.« Kein Zweifel.

So hat das begonnen mit unserer kurzen, intensiven Liebesbeziehung.

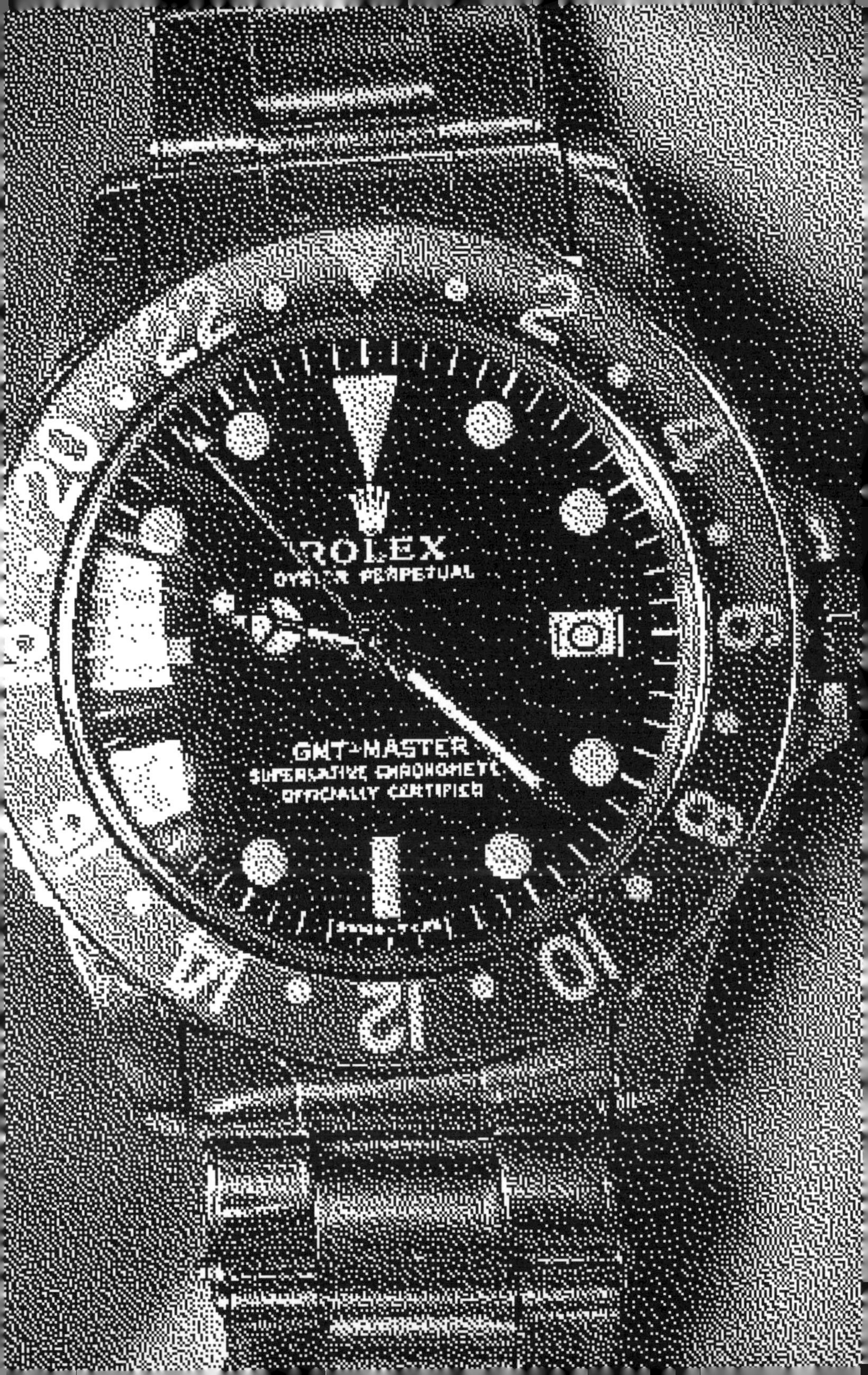
ROLEX
GMT-MASTER
OFFICIALLY CERTIFIED

Ich völlig am Boden, sehr viel Geld für eine gefälschte Uhr ausgegeben. Bis dahin wusste ich nicht einmal, dass es sowas gibt, Fälschungen von Armbanduhren aus den 50er-Jahren. Zeitgenössische Strandperlen um 200 Euro, ja, aber doch nicht irgendwelches Freakzeug, das kann sich doch nicht lohnen, das ist doch kein Markt. Anscheinend schon, wie ich schnell lerne. Der Verkäufer meint nur: »Stimmt nicht, Uhr echt.« Ich komme mit Drohungen, er mit »Ist mir egal«.

Die Auktionsplattform, von der ich sie gepflückt hatte, kommt mir auch nicht zu Hilfe, weil ich nicht über ihr Zahlsystem mit den zwei P, sondern wie vom Verkäufer angewiesen, auf ein Bankkonto (!) überwiesen habe. Anfängerfehler. Ich Narr.

Ich konsultiere meine frische Liebe von der adriatischen Küste, die die spanische Liebe etwas erkalten hat lassen, auch weil die mir ein, zwei Sachen über eine mir verkaufte Uhr nicht gesagt hatte, die gut gewesen wären zu wissen. Die frische Liebe in Person des Chefs meint: »Schick uns die Uhr und den Kontakt von dem Lumpen. Ich rufe ihn an, das schädigt das Ansehen unserer gesamten Branche.« Uhr wird untersucht, eindeutig alles fake außer vielleicht dem Uhrwerk. Das könnte echt sein, aber die rote Farbe auf dem Schwungrad ist ein bisschen zu hell, deshalb nicht sicher, man könne das nur verifizieren, wenn man alles auseinanderbaut, und das ist teuer, also lassen wir es. Dass man das Rundherum einer Uhr fälscht, und in der Mitte steckt ein echter Kern: absurd. Ich Amateur. Götterdämmerung.

Vom Anruf wird mir berichtet, dass der Verkäufer sehr arrogant gewesen sei und nur gelacht habe und gemeint, ich hätte besser aufpassen sollen. Die weitere Recherche habe ergeben, dass der Verkäufer mehrmals wegen Betrugs vorbestraft ist, auf großem Fuß lebt und mit allen

Acquas gewaschen sei, die das Land so hergibt zwischen Acqua di Gio, Passalacqua und San Pellegrino. Meine frische Liebe will sich mit einem befreundeten Anwalt verständigen, der in derselben Stadt arbeitet wie der Gangster, und ihm ein wenig zuawesteigen[*] – in Italien herrscht bei Anwälten das Territorialprinzip. Es darf nur ein jeweils ortsansässiger Anwalt sich um eine dort geschehene Sache kümmern, zum Beispiel jemandem zuawesteigen. Interessant für mich als studierten und das Meiste vergessen habenden Juristen. Aber anscheinend nicht so interessant, als dass ich das bei uns gültige Prinzip der Anwaltei ausprobieren hätte wollen.

Plan: Wir nehmen den Gangster in die Austro-Italo-Zange. Ich schreibe ihm höflich und bestimmt, meine frische Liebe dirigiert die Zuawesteig-Aktivitäten vor Ort, und plötzlich heißt es vom Gangster: »Okay, ich zahle dir (fast) alles zurück und du kannst die Uhr behalten.« Aha, okay, aha, okay.
Was die dort in Italien mit dem Gangster veranstaltet haben, will ich nicht wissen, aber es hat gewirkt, und auch will ich nicht wissen, was es wirklich mit der Formerly-known-as-fake-Uhr auf sich hat.

Die Sache war nämlich im Weiteren so.
Ich hatte – gemeinsam mit dem Corpus Delicti – die kanadische Fuchsia-Giftspritzen-GMT zu meiner frischen Liebe geschickt. Die wurde auch in echt für echt befunden, also haben wir getauscht, Fuchsia gegen Red-triangle-Marmorkuchen, ehrlich gesagt teilweise getauscht, ganz ehrlich gesagt hat er mir das, was ich für meine wollte, vom Kaufpreis für seine abgezogen.

* * * * *

EXKURS

Bei mir geht es immer um alles. Das war zum Überleben notwendig, aber es ist oft anstrengend, dass es nie um nur ein bisschen geht, sondern immer um alles. Alle Liebe, alles Geld, alle Uhren, alle Biere, alle Freude, alles Glück, alles Traurigsein, alles jetzt.

* * * * *

Nur: Was tun mit der Wahrscheinlich-komplett-Fake?
Ich wollte keine Uhr bei mir zu Hause herumliegen haben, die ich nicht tragen will und die vielleicht was ganz Schlimmes an sich kleben hat. Außerdem war sie noch gar nicht wieder bei mir zu Hause. Also Vorstoß, im Wissen um unsere frisch entsponnene, ja, gut, monothematische Liebe. »Was ist denn so ein echtes Uhrwerk für so eine Uhr ungefähr wert?« – »Ungefähr ...« – »Aha. Und angenommen, das Uhrwerk wäre echt, könntest du dir vorstellen, dass du mir ungefähr so viel dafür gibst? Den Rest kannst du natürlich auch behalten.« – »Ja, kann ich, passt, machen wir, dann behalte ich sie gleich hier.« – »Ciao.« – »Ciao.« Hah. Fast mit null ausgestiegen in der fake Sache. So ein Glück. So ein Glück. So ein Teufelskerl, mein Italiener, ich könnt ihn abbusseln.

Ich bekomme die Marmorkuchen-Marmorata, bin sofort verliebt, vielleicht so wie noch nie in eine Uhr.
Mein sehr guter, immer besserer Freund aus der Gumpe versteht das zwar nicht und mein alter Kumpane mit der teuren Uhr, die er niemals trägt, auch nicht, aber der schon

mehr. Nur das mit dem Marmorziffernblatt, das eher ein Granitziffernblatt ist, verstehen sie beide nicht. Das ist ihnen zu sehr Oldtimer. Dass man die Zeit praktisch nicht ablesen kann, weil die Zeiger sich vor dem Ziffernblatt perfekt tarnen können, stört uns alle nicht.

Ich mache Pressefotos für meine neue Platte und posiere extra so, dass man die Uhr vor meinem Gesicht sieht. Nicht weil ich flexen will – das sagen die jungen Leute so, habe ich aufgeschnappt –, sondern weil ich die Uhr so toll finde. Und dass sie nicht sehr billig ist, oder gar dass sie von denen mit der Krone ist, erkennt sowieso keiner, weil eben so abgeschrabbelt. Indie-Musiker macht Pressefotos mit Luxusuhr. Das brauch ich nicht. Ich bin doch nicht Ed Sheeran. Ed Sheeran ist Indie?

Eigentlich finde ich dieses Uhrengetue widerlich. Das ist so eine rückwärtsgewandte Machoveranstaltung, dass man eigentlich davonlaufen möchte. Das mache ich nur deshalb nicht, weil ich finde, dass die Uhren nichts dafür können, dass die meisten, die sie sich leisten können, korrigiere, leisten wollen, Trottel sind.
Luxusuhren sind die armselige Währung von emotional minderbemittelten Kurzschwänzigen, die ein Erkennungsmerkmal für ihresgleichen brauchen. Ihre dicklippigen Frauen mit den teuren Handtaschen haben sie nicht immer dabei beim Business-Lunch oder in der Skybar, und selber können sie keine tragen, weil schwul sind sie ja nicht, Gott bewahre. Wobei sich das gerade relativiert – File under »Revival der Herrenhandtasche«. Die hat es (wieder) an den unschwulen Arm geschafft und ist gerade groß genug, dass man ein gut sichtbares Logomuster draufdrucken kann, das dann andere Männer identifizieren können und sich freudig zuprosten, zumindest im Geiste. Zugehörigkeit durch Handgelenksbehang. Jämmerlich. Ein Geheimbund ohne Agenda. Ein Club der Toten ohne Dichter.

Trotzdem kann ich nicht anders, korrigiere wieder, will ich nicht anders.

Es versüßt mir das Aufstehen, wenn ich schlaftrunken neben mich greifen kann und mir so ein Gerät umschnalle, wenn ich mir beim Abwaschen überlegen muss, ob es wasserdicht ist, und es ein bisschen wie ein Haustier behandle. Wobei das mit dem Wasser eigentlich ein Ausschlusskriterium sein müsste bei mir, also, nicht wasserdicht, no way, weil ich immer ans Wasser will, ins Wasser will, einen Fisch fangen, eine Kraulung machen, einen Köder retten.

Pure Vernunft darf niemals siegen.

Einzige Sache mit der Marmorata, neben dem, dass sie selbstredend wasserundicht ist: Das Uhrband ist mir zu eng. Nachdem ich an der Pestizid-Fuchsia-Tauschuhr ein identisches, fast identisches, eigentlich wertvolleres, weil elastisch, Oyster-Rivet-Uhrband mitgeschickt hatte, die Frage, ob wir die Uhrbänder rücktauschen können.
Mein netter neuer Freund von der Adriaküste darauf: »Ja, kein Problem, machen wir.«

Wir waren damals am Sprung zu einer Reise an unseren auf der anderen Seite als Adria befindlichen italienischen Lieblingsort. Überlegt, besprochen, Lösung gefunden: Mein Adria-Freund muss ohnehin in die Gegend und kommt mit dem Uhrband vorbei und wir herzen uns und tauschen.
Top Plan.
Nur, hat dann doch nicht geklappt.
Jeden Tag wurde der geplante Bandtauschbesuch um einen weiteren Tag vertagt, bis unser Urlaub fast vorbei war.
Was tun? Schicken?
Nein. »Kommt doch bei uns an der Adriaküste vorbei, wir haben ein Hotel, da könnt ihr wohnen, da laden wir euch

ein, und dann lernen wir uns kennen und machen das mit den Uhrbändern.« Oh. Aha. Echt jetzt? Meine Frau gefragt, einen positiven Zustand dazu für unmöglich gehalten, mich getäuscht. Große Begeisterung. »Wir fahren an die Adria, dort habe ich die Sommer meiner Kindheit verbracht, oder zumindest zwei, drei, das machen wir.« »Lieber Freund. Wir kommen.«

Losgefahren, sämtliche Staus erwischt, die man im Sommer in Italien erwischen kann, um dann irgendwann längst nach Einbruch der Dunkelheit an einem fröhlich absurden Ort zu landen, dessen Nähe zum Meer uns ob der Nacht um uns und der Riesigkeit der Straßen und Wohntürme rundherum unvorstellbar war. Das Hotel ein pastellfarbener Traum aus den frühen 80er-Jahren. Ja, so wie in Miami Vice, nur ein bisschen mehr zu den 70er-Jahren gelehnt und ohne Palmen. Der Mann am Empfang ein ebenfalls pastellfarbener Traum, mit Föhnfrisur und einer Uhr, bei der man sofort weiß, wo der Connaisseur-Hammer hängt. Der ist sicher auf Lebenszeit ausgestattet von meinem netten Freund, je nach Jahreszeit und Großwetter. Ich bilde mir ein, dass sogar die Uhr neben gülden auch irgendwie pastellig war.

Wir haben unser Date mit meinem netten Freund um 10 Uhr am kommenden Tag. Ich gehe noch eine nächtliche Runde strawanzen und finde den Strand, auf dem so viele Liegestühle und Schirme wohnen, dass ich Angst bekomme. Nicht vor den Liegestühlen und Schirmen, sondern vor den Gestalten, die sich in ihrem Dickicht verschanzen. Das wäre lustig, wenn ich, als sonst der Angst vor Beraubung nicht Anheimfallender, just hier am vermeintlich harmlosen Urlaubsort aus der Kindheit meiner geliebten Frau am Tag vor unserem Treffen mit meinem netten Freund eins über die Mütze bekommen würde. Dann hätte ich morgen kein Uhrband zum Tauschen.

Vielleicht würde der Dieb oder die Diebin mir meine aber gar nicht abknöpfen können, weil das Uhrband so eng ist und sich nur in Verbindung mit einer speziellen Handhaltung abschütteln lässt, besser gesagt herunterwürgen vom Arm. Ja, abschütteln, das will ich sie, lässig abschütteln, wenn ich das neue alte Band endlich habe. Aber das brauche ich ja dann gar nicht mehr, wenn sie mir die hier jetzt …

Ich gehe mit der grimmigsten mir möglichen inneren Haltung und dem finstersten mir möglichen Blick slapstickwesternhaft weiter durch die düsteren Liegestuhlgassen – bis ich am Meer ankomme. Dort Licht und der Horizont und Schmusende und ein Ordnungsfahrzeug, und ich: gerettet.

Weiter. Weg vom Strand. Große Straße. Beton. Nein, Zöpfe will ich mir keine flechten lassen, auch keine Drogen kaufen und auch keine Pizza. Will nur spazieren gehen. Dann eine Art Hafen und Musik, ein Alleinunterhalter der anderen Art, einer, der bei einem Verstärkerübersteuerungs-Duell gegen Sonic Youth sicher nicht den Kürzeren ziehen würde. Und rundherum erstaunte Touristen mit Eistüten oder Cocktails oder beidem. Ich bin begeistert, spende nichts, kein Geld einstecken, und drehe um. Im Moment der Kehrtwendung ein brutales Verstärkerröcheln und einer, der an mir vorbeischwebt.

Vor mir Tumult. Einer liegt am Boden, Blut kommt ihm aus dem Kopf. Die anderen gestikulieren, ein wieder anderer holt blitzschnell eine Marke und eine Waffe hervor. Ein Polizist ist auch nach Dienstschluss Polizist, verstehe ich. Und etwas von einem Streit. Ich gehe weiter, sehe noch einen vorbeirennen oder wegrennen und freue mich auf unser Zimmer, dessen Balkon direkt an einen nächsten anschließt, auf dem ein älteres englisches Ehepaar auf Englisch eine englische Serie schaut, neben sich Gin Tonic und Nüsschen. Vor uns eine Betonwüste voller kleiner Fenster, in denen andere Touristen andere Serien schauen.

Sex findet wenig statt in den Fenstern. Man sollte in Hotelzimmer keine Fernseher geben und sich auch keine Computer von zu Hause mitnehmen. Am Weg zum Lift ist mir der pastellige Empfangsherr begegnet und hat mir ein Bier geschenkt, und ein Wasser, und bei der Übergabe konnte ich seine Uhr identifizieren.

Geschätzte drei Portiers-Jahresgehälter.

Nach einem Frühstück zwischen Italo Softpop, mit Plastikblumen verzierten griechischen Säulen (ja, griechisch!) und pinken Törtchen, das nahtlos an den abendlichen Eindruck anschließt, schreiten wir zur Tat. Das Ortszentrum schön und alt und mit einer fulminanten Piazza. Das Geschäft meines netten Freundes miniaturklein, geschlossen – und kein Geschäft. Eher ein begehbarer Tresor, wie wir feststellen, als wir doch eingelassen werden.
Das Geschäft daneben, das tatsächlich eines war, hatte meine Frau kurz vorher geschluckt und wir das Eintreffen unseres netten Freundes und seiner Geschäftspartnerin verpasst. Ich eigentlich nicht. Sie hatten allerdings mit einem Mann und einer Frau gerechnet. Und waren mürrisch an mir vorbei hineingehuscht, im Glauben, irgendein dahergelaufener Tourist glotzt in ihre nicht vorhandene Auslage.
Meine Frau geholt, noch mal geläutet. Dann Ciao, Ciao, Bussi, Bussi. Nicht mehr mürrisch.
Wieder mein netter Freund, den ich zum ersten Mal in meinem Leben in echt sehe.
Es folgt nettes Profigeplauder und Armbandaustausch und die Frage, ob wir hungrig sind. Nach dem Pinke-Torten-Inferno im Hotel eigentlich nicht, aber gemeinsam essen gehen wäre trotzdem toll. Na, dann los. Wir werden zur Piazza geleitet, ein herrlicher Tisch für uns organisiert und eine spektakuläre Speisenfolge, nach vorherigem Abklären, was wir so mögen und dürfen und was nicht. Der

Tisch, der extra für uns erfunden wird am Gehsteig, bekommt nur zwei Stühle verpasst. Lasst es euch schmecken, wir müssen weiterarbeiten, viel zu tun, heute mehrere Uhrenübergaben. Ah, okay. Alles klar.

Meine schlaue Frau, weniger dem herkunftsbedingten Alle-zusammen-Herdentrieb zugetan als ich, dechiffriert meine gut getarnte Enttäuschung, die sich fragt: »Haben wir oder besser ich was falsch gemacht gerade, sind wir oder genauer ich nicht nett genug oder wichtig genug?«, und meint nur: »Das war von vornherein so geplant.« Ich möchte ihr glauben, aber bin mir nicht sicher. Bis ich eine schmale halbe Stunde später ein Paar erspähe, das gerade von meinem netten Freund, dessen Büro und Werkstatt über dem Restaurant liegt, in dem wir sitzen, begrüßt wird. Der Mann von dem Paar könnte einmal Fußballer gewesen sein. Uhrengeschäfte im Akkord.

Später werde ich meinen netten, professionellen Freund nochmals anrufen. Mein Uhrband ist jetzt zu weit. Ein bisschen will ich aber auch einfach überprüfen, wie es mit uns weitergeht nach dem Alle-nicht-zusammen-Mittagessen. »Treffen wir uns in 10 Minuten unten im Restaurant«, meint er. So sei es.

Wir trinken einen Espresso auf ex, er nimmt sein Werkzeug zur Hand, braucht für die Verkleinerung keine 30 Sekunden, und das war's. Ciao. *That's what friends are for.* Ich bleibe noch einen Moment sitzen und bemerke, dass wir eigentlich über ganz schön viel gesprochen haben, obwohl wir nicht gemeinsam gegessen hatten. Italien an sich, gute Orte, wo wir hinfahren könnten, weniger gute Orte, eine gute Strecke nach Hause, die Frage, ob er und seine Geschäftspartnerin, unsere neue Freundin, ein Paar sind, darüber, dass wir schon sehr lang ein Paar sind, und dass sie ihn manchmal erwürgen könnte. Außerdem könnten wir uns mit jeder Frage und jedem Anliegen Italien betreffend jederzeit melden. Das finde ich gut. Ich denke an Fußballspiele.

Auf unserer Heimfahrt – auf der von unseren neuen Freunden vorgeschlagenen Route natürlich – meint meine geliebte Frau, dass ich in Italien einen guten Fußballtrainer abgeben würde, weil ich so gut mit den Italienern kann. Venezia wäre ein ideales Einstiegsteam. Warum, erfahre ich nicht. Einfach so, besser als Bologna, viel besser als Mailand. »Welche Mannschaft dort? Da gibt es zwei gute.« – »Wurscht. Keine von den beiden.« Ich überlege es mir.

* * * * *

EXKURS

Ich habe meiner Frau zu Weihnachten eine Uhr mit Krone geschenkt.
Sie hatte mir viele Jahre davor ein Bild geschickt von einer Auslage, in der eine solche Uhr gelegen ist. Mein spanischer Freund hat mir geholfen, dass wir genau die gleiche finden.
Große Freude. Kleiner Hinweis meinerseits: Die Uhr ist, weil alt, nicht wasserdicht. Auch nicht abwaschextremewasserdicht. Schon gar nicht duschwasserdicht. Nicht einmal regenwasserdicht. Wird zur Kenntnis genommen, habe ich das Gefühl.
Dann ein Urlaub, kleiner, versehentlicher Mit-Uhr-Ausflug ins Meer. Ich hysterisch, sie nicht. Uhr bleibt heil. Ab jetzt Wasser sicher nur mehr ohne Uhr.
Dann Tag X. Ein Anruf, jetzt sie hysterisch, ich nicht. »Die Uhr ist voller Wasser, es tropft richtig heraus. Habe schon nachgelesen. Sie muss in Reis, so wie bei Handys.« Ich stimme zu, und weiß, das war's. Sie hofft, ich bange. Die Uhr ist im Eimer. Wie viel Wasser in so eine Uhr hineingeht, ist wirklich erstaunlich. Jammertal, Selbst-

bezichtigung, ich deeskaliere und schalte meinen spanischen Freund ein. Der meint, er kann sie wieder heil machen, nur, das dauert und das kostet. Uhrwerk komplett neu aufsetzen und wohl Zifferblatt tauschen, weil Blasen. Das mit den Blasen ist meiner Frau wurscht, meint sie, also nur Uhrwerk neu. Auch teuer.

Ich habe meiner Frau zu ihrem runden Geburtstag noch eine tollere Kronen-Uhr geschenkt. Mit der geht sie nicht ins Wasser.

* * * * *

Da fällt mir wieder Ed Sheeran ein. Hat der jemals Pressefotos mit Luxusuhr gemacht?

Holpriger Übergang. Egal.

Ich liebe Braun. Alle Uhren, die »tropical« genannt werden, haben ihre schwarze Farbe eingebüßt und sind braun geworden. Manche ganz gleichmäßig (unfassbar teuer) manche regelmäßig verlaufend (sehr teuer), manche chaotisch (auch noch teuer) und manche so, dass man die Braunheit nur sieht, wenn man die Uhr direkt in die Sonne streckt, sie also eigentlich nicht tropical sind, weil sie unter normalen Umständen, weil man ja normalerweise nicht herumläuft und den Arm mit der Uhr der Sonne entgegenstreckt, schwarz sind. Dazwischen wohnt ein weites Feld an Wunschvorstellungen (»Siehst du es nicht, es ist braun und nicht schwarz«) und Vorgaukelungen (wenn man eine schwarze Uhr vor einem braunen Hintergrund oder neben einem braunen Armband oder Kochlöffel oder beidem fotografiert, dann wird sie am Bild braun).

Ich liebe jedenfalls Braun, und meine Marmoruhr war zwar fantastisch, aber nicht braun, sondern grau. Was einen Spalt zu einer anderen geöffnet hat. Zu einer anderen aus Italien, zu einer weiter im Norden. Zu einer, die nicht nur ein braunes tropisches Ziffernblatt hatte, sondern auch eine braune Lünette. Doppelbraun! »Double chocolate«, wie man sagt.

Ich will wieder tauschen, aber (noch?) nicht mit dem Marmorkuchen, sondern mit einer von meinem spanischen, jetzt wieder intensivierten Freund. Es ist eine mit Red-Triangle-Lünette, was den anfangs sehr unwirschen Italiener sehr anspitzt.

Die vorangegangene Unwirschheit ging so weit, dass er mir erklärt hat, die von mir geschickten Bilder der Red Triangle, die er seinem Kunden, dem er die Lünette gleich weiterverkaufen würde, geschickt hat, seien dessen Aussage nach die schlechtesten Bilder, die er je gesehen habe. Ich merke an, dass ich das sehr unhöflich finde von ihm, mir so etwas zu schreiben, und bekomme zur Wiedergutmachung eine Video-Einschulung[*] in »Wie zoome ich mit dem iPhone?« und »Wie trenne ich eine Lünette von einer Uhr?«. Ersteres wende ich an, zweiteres sicher nicht. Da wird mit einem Messer und einer Art Feile hantiert, profimäßig, als würde man weiche Butter auf ein nicht zu weiches Stück Roggenbrot streichen. Da gleitet die Lünette vom Rand der Uhr wie ein Singvogel von einer Melodie (häh?). Ich zerstöre sicher keine Lünette, die so viel kostet wie ein Wolfsburger Hase (Sickermetapher).

Wir versöhnen uns, im Dienste unseres jeweiligen Eigeninteresses. Der Kunde des Italieners bekommt bessere Bilder und will die Lünette. Ich lerne: Die Lünette ist das Gold der Vintage-Uhr, nicht oder nicht immer das Ziffernblatt. Gehäuse und Uhrwerk sind in der monetären Gesamtbetrachtung vernachlässigbar. Deal done.

Ich fahre nach Italien. Wir treffen uns am Parkplatz eines pittoresk gelegenen Supermarkts im nördlichsten Norden des südlichen Nachbarn.

Von seinem Profil weiß ich, dass seine Kernkompetenzen Uhren, Autos und Frauen zu sein scheinen, wobei drittere möglicherweise in direktem Zusammenhang mit den ers-

[*] Altmodisch
für Tutorial

ten beiden steht, beziehungsweise es sich vielleicht um zwei Kompetenzen und eine Wunschdenken-Folgeerscheinung handelt, weil die ersten beiden viel häufiger repräsentiert sind auf den Profilbildern als die dritte Sparte. Standesgemäß steht auf seinem bayerischen Sportwagen hinten ein »M« drauf.

Ich steige ein.
Er wird auch im Auto nicht freundlicher als im digitalen Kanal. Auch egal. Lupe raus. Lünette okay. Geld raus. Geld zählen. Geld her. Uhr her. Ciao. Wenigstens kein Schwafler.

Braune toll, aber ohne Seele. Schmökere weiter im digitalen Bilderland des Ex-Formel-1-dort-irgendwas-Machers, wie ich als einziges auf konkrete Nachfrage erfahren hatte, und entdecke eine bunte mit der Ziffernblattinschrift »Serpico y Laino«. Das war ein legendärer 40er-bis-60er-Jahre-Juwelier in Caracas – neben Tiffany der einzige Händler, der auf die sonst heiligen Ziffernblätter mit Krone etwas dazumalen durfte. Sofortige Entflammung! Ich war mit knapp unter 20 einmal dort, in Caracas.
Mit meiner damaligen, sehr blonden Freundin, meinen noch blonderen schwedischen Freund besuchen. Zwei Blonde und ein Rothaariger in Caracas. Warum will ich eigentlich eine Uhr aus so einer gruselerregend brutalen Stadt? Vielleicht deshalb.

»Zu verkaufen?« – »Ja. Jetzt neu. Muss ein paar Uhren verkaufen.« Offenbarungseid! Vielleicht wird das ja doch noch was mit uns.
Ich als Tausch-Toni ohne Knaster werfe meinen einzigen Trumpf ins Rennen. Marmorata! Dortige Entflammung. Ziffernblatt findet er scheiße. Aber: das Red-Triangle-Insert. Er braucht wieder gute Fotos, vor allem vom roten Dreieck und der Ziffer 5. Die will er wieder seinem Kun-

denfreund schicken, seinerseits ebenfalls Dealer, wie ich
später erfahre, und zwischen unserer ersten Begegnung
und jetzt nach Los Angeles ausgewandert. Hollywood?
Hollywood! Ich fotografiere. Sie begutachten. Es gibt Zweifel, es wird überlegt, es wird eingestimmt. Ich wieder
ins Auto, neun Stunden hinuntergebrettert. Wieder Parkplatz mit Bergen, diesmal mit Schnee und Romanautor-
Freund am Beifahrersitz. Dem muss ich kurz erklären, dass
er sich unauffällig verhalten und am besten in den Super-
markt hineingehen soll, während wir dealen. Weil das dauert eh nur zwei Minuten und ich komm gleich nach, und
dann kaufen wir die Fressalien und Getränke für unsere
nachfolgende Schreibklausur am Land.

Nur ist diesmal alles anders. Der Schweiger redet wie eine
Moto Guzzi mit guter Laune, vielleicht sind Substanzen
im Spiel, denke ich mir kurz, verwerfe diesen Gedanken
aber zugunsten von »mit dem richtigen Fuß aufgestanden«. Lupe heraus, Dreieck angeglotzt, eher angestarrt,
eher visuell seziert. »Hm, na ja, könnte passen. Nur der
Fünfer, der hat so einen komischen Bauch, das gefällt mir
nicht. Machen wir es so. Wenn mein Freund das Insert
will, passt es, sonst müssen wir reden.« Er reicht mir die
Lupe. Ich soll die Serpico y Laino begutachten. Ich nutze
die 50/50-Chance – und schaue mit der falschen Seite auf
die Uhr. Sehe nichts. Manche würden meinen: Peinli-
cher geht es nicht. Und sogar ich als Freund der gelebten
Peinlichkeit muss sagen, das war nicht ganz unpeinlich.
Spätestens ab jetzt weiß er, dass ich vom Kleingedruckten
bei Uhren keine Ahnung habe, und dass er mir das nächste
Mal keine Lupe hinhalten muss. Wäre das auch geklärt.

Einige Tage später Meldung aus Italien.
Die Lünette ist gefälscht.
Der verdächtige Fünfer hat sie entlarvt.
Beweisbilder sind per Mail am Weg.

Darauf zu sehen sind Gegenüberstellungen von zwei unzweifelhaft echten Lünetten (warum auch immer die unzweifelhaft sind), die tatsächlich ein bisschen anders aussehen als meine. Allerdings schauen alle ein bisschen anders aus als die anderen. Das war Handarbeit oder Arbeit in kleinen Chargen, da hat man sich keine Gedanken gemacht, ob da dann 60 Jahre später welche Vektor-Dateien anlegen und millimetergenaue Vergleichsstudien machen oder die verwendete Farbe archäologisch durchleuchten. Jedenfalls. Was tun? Ich biete ihm die braune ohne Seele zum Rücktausch an, obwohl ich ja die SyL mit der mit anscheinend gefälschter Lünette getauscht hatte. Er überlegt sehr kurz und willigt ein, weil er wohl froh ist, dass ich ihm keinen Baum aufstelle,* von wegen gekauft wie besichtigt und probegefahren. Ich bin aber auch froh, weil ich will bestimmt keinen Streit mit diesem Mann.

Wieder Italien. Diesmal nehme ich meine geliebte Frau mit – und wir treffen uns weiter im Süden, im südlichen Norden. Wieder auf einem Parkplatz, versteht sich. Diesmal schicke ich meine Frau in den All-inclusive-Super-Supermarkt, diesmal muss ich ihr keinen Standort auf ihr digitales Gerät schicken. Diesmal ist sie selber dort, wo ich bin, mit dem Mann mit den Uhren und dem Auto mit dem M.

Inzwischen sind wir schon recht vertraut miteinander in unserem Autoritual. Wieder wird geplaudert, über das Wetter, versteht sich, und über Uhren. Ich erwähne, wo ich die marmorne, die er mir gerade wieder im Austausch mit der braunen ausgehändigt hat, herhabe, und das Weisse in seinen Augen gefriert. Es folgen eine lange Pause und ein langer, ein sehr langer Monolog. Wenn er das gewusst hätte, von wem ich die Uhr habe, dann hätte er sie nie angenommen.

Der Mann ist ein Verbrecher, sehr clever und ein Verbrecher. Er habe einen sehr berühmten Fußballverein, dessen

* Österreichisch für »ihm keine Szene machen«

Dressen schwarzweiß gestreift sind, um viele Millionen erleichtert, geprellt, betrogen, er schicke mir die Artikel. Er war im Gefängnis und er hat – am allerschlimmsten im Land der Familienehre – seinen Vater übers Ohr gehauen. Es ging um Bekleidungsgroßhandel und ein Auto und Mieten und ein Lager. Außerdem beziehe er sehr viele von seinen Uhren von drei Brüdern der ehrenwerten Gesellschaft und lasse die Seriennummern austauschen. Er kenne den Graveur, der das macht. Warum er den kennt? Ich frage nicht nach. Er ist außer sich, ich in mir.

Die folgenden Tage mit meiner Frau sind die schönsten seit sehr Langem.

```
I'M A LOT OF LIVES TONIGHT
EVERYONE WILL BE ALRIGHT
I'VE GOT ALL IT TAKES INSIDE
ONLY NEED TO EMBRACE MY LIGHT
```

UHREN 4: DIE RETTUNG

Nach den schönsten Tagen seit sehr Langem beginnt es wieder langsam zu rattern in meinem Uhrenhirn.

Was soll ich mit der Marmorata mit der Wahrschein-lich-fake-Lünette machen?

Und warum ist die überhaupt wahrscheinlich fake? Die ist doch von meinem netten, professionellen Freund und seiner Partnerin, und die haben uns doch ins Hotel ein-geladen und zum Essen und waren ebenso professionell nett, und auch nett nett, wirklich nett. Und er hat mir doch anstandslos die beiden Uhrbänder getauscht, obwohl er sicher wusste, dass seines-meines wertvoller und besser war als das, das ich ihm gebracht habe, und er hat mir die Fake-Uhr mit dem vielleicht echten Uhrwerk um okayes Geld abgekauft, einfach weil er nett ist.

Und der soll mir eine Uhr mit einer Fake-Lünette verkauft haben? Eine Uhr, deren, wie ich inzwischen eben gelernt habe, wertvollster Bestandteil die Lünette ist? Sie war viel zu billig dafür, dass sie eine Red-Triangle-Lünette hat, ha-ben mir meine, äh, echten Uhrenfreunde gesagt.

Ich weiß längst nicht mehr, wem ich glauben soll und beschließe, nie mehr eine teure Uhr zu kaufen, was ich im sel-
ben Moment bereue und vor mir selbst wieder revidiere.
Ich einige mich mit mir selbst, dass ich mich entweder extrem in das Kleingedruckte der Uhren hineinfuchse oder
es bleiben lasse, das mit den Uhren.

Was aber jetzt hier?
Mein spanischer Freund und mein italienischer Freund,
von dem ich später erfahren soll, dass er ein Freund von
Trump ist, was mich nicht sehr wundert, beraten mich,
und wissen nichts voneinander.
Meinen netten, professionellen Freund mit dem Umstand
konfrontieren, dass es möglicherweise sein kann, dass die
Lünette irgendwie nicht ganz ..., oder ein wenig überar-
beitet ...
oder nachkoloriert, oder hmmm, oder zöger stotter, das
hatte ich schon ausprobiert. Das hat nicht so gut funktioniert. Den Behauptern wurde Unkenntnis unterstellt, der
Wert einer derartigen Lünette heruntergespielt und überhaupt kein Zweifel daran gelassen, dass es keinen Zweifel
gibt an der Echtigkeit der Lünette. Ich habe leicht zu er-
ahnen begonnen, dass mit meinem netten, professionellen
Freund und seiner netten Nicht-Freundin-aber-Geschäfts-
partnerin ohne Zweifel im Falle einer Auseinandersetzung
nicht sehr gut Kirschenessen wäre.
Mein Trump-Freund-Freund hatte noch gedacht, das
klappt, sie würden die Uhr zurücknehmen und mir das
Geld zurückgeben.
Hat es aber nicht. Mehr noch. Es hat die Ehre angekratzt,
die italienisch-russische Uhrendealer-Ehre. Das möchte
man nicht, das sollte man nicht, so eine Ehre ankratzen.
Also, was tun, spanischer Freund ohne persönliche Ver-
strickung in die italienische Sache?
Was tun, spanischer Freund, der du auch gefunden hast,
dass die Lünette nicht koscher ist?

Die Einzelteile verscherbeln? Behalten und tragen? Hoffen, dass sie noch echter wird? Nein: »Ihnen einen Tausch mit einer ihrer Uhren anbieten, die sicher nicht fake ist.« – »Top Plan, mein Freund. Such mir eine aus, bitte.«

Er sucht – und findet eine mittelzeitgenössische. (Die, wie ich später von meinem alten Uhrenkumpanen, der seine teure wegen Gewissenskonflikten eben nie trägt, erfahren sollte, auch die Uhr der Wahl eines sehr bekannten, inzwischen gefallenen österreichischen Rechtspolitikers ist.) Passt. Die nehmen wir. Ich schlage vor. »Liebe nette, professionelle Freunde, lasst uns tauschen. Marmorata gegen Mittelzeitgenössische plus ein bisschen was.« Die Ehre nicht angekratzt. Ein simpler Tausch ohne Unterstellungen und Mutmaßungen, die Möglichkeit zur eleganten Rehabilitation, ein Loro-Piana*-Manöver der Extraklasse. Zwei Tage später ist die Marmorata an der Adria, vier Tage später die Rechtspolitiker-weapon-of-choice an meinem Arm. Und wie schön sie ist. Hätte ich mir nie gedacht. So schön, und so oag.** Eigentlich wirklich over the top, ich verstehe vollkommen, warum der Rechtspolitiker so eine hat. Da kann man am Frühstücksbuffet ordentlich punkten oder beim Parteitag, oder beim Nobelitaliener im Nobelbezirk. Aber bei mir ist das doch was völlig anderes. So wie ein Camo-Bomber etwas völlig anderes ist bei mir. Da glaubt doch auch keiner, dass ich bei den Gebirgsjägern bin oder bei den Identitären, wobei, sind die überhaupt militant oder eher so wie der Rechtspolitiker mit meiner Uhr? Oder wenn ich eine orangefarbene Ballonseide-Ethno-Raver-Multitaschen-Hose anhabe, glaubt doch auch keiner, dass ich ein hängengebliebener Ethno-Raver bin. Oder doch? Also Uhr weg, oder wie?

Ich habe sie im Krankenhaus getragen, als ich meinen Vater beim Sterben begleitet habe, obwohl ich sie eigentlich längst zu meinem amerikanischen Uhrenfreund, der damals noch in Kalifornien gewohnt hat, hätte schicken sollen. Ich hatte mit ihm getauscht und er auf sie gewartet. Nachdem dort, wo ich herkomme, FedEx ungefähr so gut aufgestellt ist wie die österreichische Post AG in Kalifornien und ich andere Sorgen hatte als Pakete zu Paketdienstleistern zu bringen. Wobei, einmal hab ich es sogar versucht, bin vom Krankenhaus zu einem Paketshop gegangen. Nur dass ich im Trubel der Ereignisse FedEx und DHL verwechselt hatte und die dort bei DHL, zu Recht, könnte man sagen, mein FedEx-Paket nicht annehmen wollten. Also ist die Uhr bei mir geblieben. Ich hab sie wieder ausgepackt, den Verschickplan aufgegeben und sie über den Tod meines Vaters hinaus an seiner Seite getragen. So war das.

Dann habe ich beschlossen, sie nie mehr herzugeben, weil sie das mit mir geteilt hatte.
Und sie jetzt, knapp sechs Monate nach dem Tod meines Vaters, zu meinem amerikanischen Freund nach inzwischen Seattle geschickt. Diesmal kein Tausch. Diesmal muss er sie für mich verkaufen. Alles Schall und Rauch. Alles ist erleuchtet.

Alles schläft, einsam wacht. Alles ist eins. Alles ist alles. Alles in allem. Alles klar? Klarna. Kloßbrühe. Miroslav Klose. Angeln. Mein nächstes Buch wird ums Angeln gehen.

Bei meinem amerikanischen Uhrenfreund habe ich das Geld angelegt, das ich geerbt habe, im Glauben, dass ich noch Geld dazuerben werde. Das war dann nicht so, weshalb fast alle Uhren, die ich großteils, als ich meinen Vater beim Sterben begleitet habe, bei meinem amerikanischen Uhrenfreund digital gekauft hatte, inzwischen wieder zu ihm geflogen sind und er seither versucht, sie für mich zu verkaufen. »The market has changed a lot in the last 6 months«, meint er dann, als ich knapp davor bin, ihn daran zu erinnern, dass er mir doch den »Immer-drei-an-dere-Leute-an-der-Hand-die-das-Gleiche-zahlen-würden«-Grundsatz geschenkt hatte, den ich so toll fand und der ein Hauptbaustein für mein Vertrauen in unser Instagram-Vertrauenslego war.

Zoll zahle ich nie, da hat er seine Wege. Vertrauen is King. Vertrauen is a terrible thing to waste.

Das Gegenteil von digital ist meine Freundschaft zu Mustafa, dem marokkanischen Strandverkäufer, den ich seit 15 Jahren kenne und der mich manchmal auch im Winter anruft und fragt, wie es mir geht, und ob ich wieder eine Uhr kaufen will im nächsten Sommer und dass er mir diesmal eine mit Krone mitbringt, nachdem er mir letztes Jahr eine mit Meeresschalentier als Namen mitgebracht hatte. Manchmal ruft er auch im Sommer oder im Herbst an, wenn er mit den seltenen deutschsprachigen Touristen verhandelt, die unseren italienischen Lieblingsort zu unserem starken Missfallen entdeckt haben auf ihrer Toskana-Rundreise und kein Italienisch und kein Marokkanisch können. Alle unsere Geldtaschen und die eine Uhr, die mit dem Schalenmeerestiernamen, sind von Mustafa.

Die andere ist vom Chinesen, so wird er politisch korrekt von allen genannt. Er arbeitet am gleichen Strand, ist so mürrisch wie Mustafa unmürrisch und verkauft kleinteiligen Schmuck und echte japanische Billig-Digitaluhren. Und er hatte genau die, die ich wollte, die, die auch mein herzallerliebster italienischer Adonis-Freund hat, der beste Surfer des Landes und Besitzer der besten Strandbar des Landes. Ich habe einmal ein Akustikkonzert dort gespielt, mit zwei Freunden von ihm, die mich begleitet haben. Wir haben beim Proben unter den Felsen, im Spalt hinter der Strandbar, kaum gesprochen, nur musiziert, eines des schönsten Musizierens in meinem Leben. Beim Konzert waren Kerzen angezündet, dahinter die Brandung und der

Mond, rundherum Kinder und Sand und Cocktails und sich die Frucht zugaberlnde* Italiener.

Mein herzallerliebster italienischer Freund hat auch einmal ein Last-minute-Musikvideo für mich gemacht, in der Hochsaison. Knapp vor Sonnenuntergang sind wir filmen gegangen, am Strand bei den Felsen. In der Nacht hat er geschnitten, nach einem langen Tag hinter der Bar und bei den Schirmen und Liegestühlen. Am nächsten Tag das Gleiche und am übernächsten, und nach ein paar Tagen war es fertig. Gegengeschnitten mit Bildern einer geheimnisvollen Frau, die er im Winter davor in Amerika getroffen und gefilmt hatte. Mein Freund, der geheimnisvolle Magier.

* Österreichisch für einen Fußball in der Luft halten

Helmut und Supreme

Ich hatte einen fantastischen schwarzen Helmut-Lang-Le-dermantel einem fantastisch modisch fundierten Freund abgekauft, von Ende der 90er-Jahre.

Wie die meisten meiner zusammengerafften Helmut-Lang-Devotionalien war jedoch auch dieser Mantel ein bisschen zu irgendwas, um ihn regelmäßig zu tragen. Viel-leicht waren es die Falten, die sich vorne um die Knöpfe gefächert haben oder die drei Knöpfe oder das Revers oder einfach die Tatsache, dass er mir nicht gerade zu groß war, die mich dazu veranlasst hat, ihn meinen Freunden von der digitalen Vintage-Designer-Verkaufsplattform in die virtuelle Auslage zu stellen. Zuerst hat lange keiner an-gebissen und dann einer, der nicht lange herumgefackelt hat. Das mag ich. Kein Kleinkramgefrage, kein Dollarge-feilsche, kein Versandkostengedumpe. Er wollte einfach den Mantel haben, Punkt. Das hat mich so gefreut, dass er nicht feilscht, dass ich ihm die Versandkosten geschenkt habe. Darüber hat wiederum er sich so gefreut, dass wir uns digital angefreundet haben. Er war ein bisschen ge-heimnisvoll, und irgendwann hat sich herausgestellt – ei-gentlich habe ich es in der Suchmaschine herausgefunden, was ich sonst nie tue, schwöre, aber es hat mich halt so interessiert in diesem Fall –, dass er früher mit einer sehr berühmten Schauspielerin, die in einem sehr berühmten 90er-Jahre-Jugendkultur-Klassiker mitgespielt hat, zusammen war, und dass er einer der Mitbegründer der fulminanten Hypisierungs-copy-paste-Höllenmaschine ist, die es geschafft hat, absolut jeder anderen angesagten oder bald angesagten oder bald nicht mehr angesagten Marke ihr rot-weißes Blocklogo draufzuknallen, auf einen Schuh oder ein Gewand oder einen Einrichtungsgegenstand oder einen Dildo oder ein Skateboard.

Mantel verschickt. Weitergelebt. Ein Jahr später, oder ein halbes, bin ich mit meiner tollsten Frau aller Frauen nach New York geflogen, um Bruce Springsteen in einem kleinen Broadwaytheater zu bewundern, allein, mit Gitarre und Ehefrau.

Gewohnt haben wir in einem Hotel, das früher ein Schiff war oder ein Seemannshort oder so ähnlich. Es war in dem Bezirk mit vormals viel Schlachtvieh und es war knapp vor Weihnachten. Und weil meine Frau vom Jetlag oder vom Herumlaufen oder vom Mit-mir-zusammen-Sein oft müde war, bin ich viel allein herumstrawanzt, habe das Große-Liebe-Nachfolge-Parfum für mein geliebtes Helmut Lang entdeckt, was dazu geführt hat, dass das aus sechs Flaschen Eau de Toilette und fünf Flaschen Eau de Parfum (alles Originalversion und nicht das schlechte Remake, versteht sich) bestehende Depot seither unangetastet auf Abenteuer wartet; mich mit dem Hotelportier angefreundet und den New Yorker lieben Gott einen guten Mann sein lassen. Bruce war eine Offenbarung, New York im Winter ein kaltes Pflaster und Weihnachten vor der Tür. Eines Frühabends, zurück von einer meiner Strawanzereien, wollte ich wie immer noch ein kleines Bier im hoteleigenen Seemmannslokal, das uns in der Früh auch immer das Frühstück beherbergt hat, zu mir nehmen, als alles anders war. Geschlossene Gesellschaft. No way, Jose. Mein Portier erspäht mich ratlos vor dem No-entry-Schild, deutet unmissverständlich und schickt mich volley hinein, mit dem Hinweis, dass das die Weihnachtsfeier vom Label mit dem rot-weißen Blocklogo ist. »Enjoy!«, meint er noch.

Aha. Lauter junge, dezent schicke Leute, ein paar ältere, kaum einer so alt wie ich, gar nicht so viele insgesamt. Liegt vielleicht daran, dass die ja selber nichts produzieren, denke ich mir. Die müssen sich ja ausschließlich drum kümmern, dass ihr Logo auf irgendwelchen Daunenjacken oder Turnschuhen oder T-Shirts mit Lemmy-Portrait landet. Ich bekomme von den netten Barmenschen ein brutal schmeckendes, brutal starkes alkoholisches Mischgetränk in die Hand gedrückt und erblicke, umringt von ein paar unterspannt gutaussehenden jungen Männern: meinen Mann. Ich erkenne ihn auch ohne meinen Ledermantel sofort, die Suchmaschine hatte mir gute Bilder kredenzt. Als sich die gutaussehende Schar rund um meinen Mann in Richtung kaltes Buffet schält, schreite ich ein. Nachdem ich nicht weiß, ob er mich auch in die Suchmaschine eingegeben hatte damals, erkläre ich mich schnell. »Florian. Helmut Lang leather coat.« Die Freude ist beiderseitig, und es folgt ein langes Gespräch über die Brillanz des emigrierten Schneidermeisters aus Wien, den Liebreiz des humorigen Labels mit dem rot-weißen Blocklogo und die Schönheit des Lebens an sich. Irgendwann bin ich einigermaßen angeschickert und mein Freund muss sich wieder um seine jungen Leute kümmern. Oder vielleicht um seine ehemalige Liebschaft, die berühmte Schauspielerin, die ich meine, beim Gehen aus dem Augenwinkel heraus zu erspähen.

ROLEX SWAN CUP

Die Schule beginnt. Der Sommer war anfangs durchwachsen, das Ende mit Holland, Kind und Fischen sehr toll.

Dann eine Nachricht von meinem sehr guten, immer besseren Freund aus der Gumpe, mit dem ich immer wieder mal Kleidungsstücke tausche.

Er fragt mich, ob ich in drei Tagen mit nach Sardinien komme, zum Rolex Swan Cup, einer Segelregatta, die, wie der Name verspricht, wohl eher keine Campingplatz-Veranstaltung ist.

Geht eigentlich gar nicht. Gerade eben von zwei sehr tollen Wochen mit Fischen und im Auto schlafen zurück, Geld knapp bis nicht vorhanden, viel zu tun, wo anfangen. Mein sehr guter, immer besserer Freund ist sehr gut im Überreden, was bei mir sehr gut geht.

Dummerweise habe ich mir nur am Tag davor an der Alten Donau bei einem überengagierten Landemanöver eines sehr kleinen Hechts zwei Schenkel eines fetten Drillingshakens in die Fingerkuppen meines Zeige- und Mittelfingers gerammt. An meiner linken Hand! An meiner linken Hand, der von meiner Großmutter und meiner Volksschullehrerin das Schreiben weggenommen wurde, was

* Ein Salmo-
Slider-Jerkbait
in der Farbe
»Wounded Bream«
10 cm, sinking –
für Freunde
der gepflegten
Angelkunst

dazu geführt hat, dass sie alles andere außer Schreiben noch viel besser kann als die rechte. Es war also im vorderen Drilling meines Lieblings-Köders,* der Zeige- und Mittelfinger meiner linken Hand, und im anderen Drilling das Maul des sehr kleinen Hechts – oder umgekehrt, wir jedenfalls beide jeweils im Drilling. Die Finger waren aneinandergekettet, und der Fisch sehr unzufrieden mit der Situation. Also musste ich mit der ungeschickteren Schreibehand das Tier bändigen und mit den drei verbliebenen funktionstüchtigen Fingern der geschickteren Hand versuchen, das Tier vom Drilling zu befreien. Und es war blöd gehakt und ich etwas bleich um die Nase, trotz Adrenalin oder Serotonin oder was man da so ausstößt, wenn man weiß, man darf jetzt nicht ohnmächtig werden oder heulen oder beides, weil da ein Köder in der Hand steckt und an dem ein Fisch baumelt, der zappelt. Also, Ausschüttung, Fokus der Verzweiflung. 10 Minuten Herumgefriemel. Fisch befreit, überlebt, schwimmt weg. Und dann Drillings-Dämmerung und Schmerz-Sickerung. Scheiße, die sind ganz drinnen, mitsamt Widerhaken. Kurz davor war ein Konkurrent an mir vorbeigeschwebt, mit guter Goldkette und klassischem Alte-Donau-Fischerboot. Er hatte einen wenig größeren Hecht gefangen, was mich angestachelt und möglicherweise dazu geführt hat, dass ich mir im ehrgeizinduzierten Überschwang das Mordinstrument in die Hand gejagt habe.

Jedenfalls wird aus dem Konkurrenten der vermeintliche Erretter. Ich hirsche in seine Richtung, rufe, wate ins Wasser, mitsamt an der Hand baumelnden Salmo, und werde erhört. Er kommt, ist sehr nett, wird ebenfalls sehr blass, holt eine Zange, und sagt nur zwei Sätze, während er halbherzig an meiner Misere herumhantiert. »I wü da ned wehtuan«, was ich mit »Das ist schon okay. Probier!« beantworte, und »I glaub, du muasst ins Spidoi«, was ich mit »Ja!« beantworte.

Ich besteige hastig das Auto, nachdem mir der reizende Ex-Konkurrent-jetzt-Kollege mit einer Mullbinde die beiden Finger zusammengebunden hat, damit ich sie mir nicht versehentlich ausreiße mit dem Salmo, und fahre einhändig Richtung nächstgelegenes Krankenhaus.

Dort werde ich vom Dienst-nach-Vorschrift-Portier zur Erstaufnahme geschickt, wo einige sehr unversehrt und nachgerade entspannt wirkende Menschen anstehen, um sich vielleicht eine Krankenstandsmeldung oder ein Rezept für Aspirin abzuholen, jedoch kein buntes, mit Haken ornamentiertes Fischimitat aus Hartplastik von der Hand baumeln haben. Dass ich mich vor Schmerzen krümme, stört sie wenig, und veranlasst sie noch weniger dazu, mir Vortritt oder Mitgefühl zu gewähren. Ich werde ungehalten – Adrenalin, Taurin, Seractil –, beschwöre den Dienst-nach-Vorschrift-Portier, seine Vorschriften über Bord seiner Empfangshalle zu werfen und in Aktion zu treten. Es folgt ein beeindruckender, wortloser Geheimblick- und Gestenaustausch mit dem Empfangsherren der Erstaufnahme und die nachfolgende trockene Information. »Gehen sie zur Unfallambulanz. Hier rechts, dann immer geradeaus, durch die Glastür.«

Das mache ich und lande dort, wo die Schmerzen wirklich wohnen, nicht im Papierkram-Kindergarten der Erstaufnahme. Da liegen Menschen mit dicken Verbänden um Beine, halb-sedierte Dösende sitzen auf noch härterem Hartplastik als das, aus dem mein Kunstköder gefertigt ist, und rechts steht ein Bett, das so aussieht, als wäre darin vor Kurzem jemand verstorben.

Ein für mich entscheidender Startvorteil ist, wie ich erfahre, dass das »Objekt« noch in mir steckt, was den weiteren Verlauf der Ereignisse massiv beschleunigt – bevor ein anderer Umstand diesen wieder extrem verlangsamt.

Zuerst laufen alle zusammen. Lustig, was der da drinstecken hat. Dann meint die Schwester, ich soll mich hinlegen, sie kennt die Männer schon. Aha.

Später lerne ich welche kennen, wobei die meisten den Vormittag offensichtlich dazu verwendet hatten, alkoholische Getränke zu konsumieren, bevor sie sich Gläser in die Gliedmaßen gerammt haben oder rostige Nägel. Nach dem Gaudium am Anfang erscheint ein weiterer Herr in Goldkette. Diesmal der Arzt oder Oberpfleger. Und zwei sehr junge Männer. Es wird sich beraten, die beiden sehr jungen Männer instruiert und ich, weil Mann, mit der Trage ins Operationszimmer geschoben.
Die beiden Herren sind bemüht und recht ratlos. Davor hat mir der eine zu verstehen gegeben, dass er selber angelt und ihm seine Mutter einmal einen Haken aus der Stirn ziehen musste. Hinweis für sehr, sehr jung. Ich habe den beiden zu verstehen gegeben, dass ich um spätestens 18 Uhr dieses Etablissement verlassen will, weil um 18:30 Uhr Treffpunkt meiner Fußballmannschaft zur ersten Cuprunde ist und ich außerdem der Dressenwart bin und sie sonst ohne mich und ohne Dressen spielen müssten, also nicht. Es ist knapp nach drei. Das muss sich locker ausgehen.

Was folgt, ist eine berührend holprige »Operation« mit noch berührenderem Prolog. Der junge Mann, der nicht angelt, kommt auf meine rechte Seite, zu meiner gesunden Hand, und sagt Folgendes: »Ich biete Ihnen gern meine Hand an. Ich biete das immer an, falls Sie das wollen. Für manche ist das angenehm, auch den Druck zu spüren, oder selber zu drücken.« Ich bin sprachlos vor Ergriffenheit und Fassungslosigkeit ob des mutigen und völlig neben der Spur eines regulären Spitalsbetriebs befindlichen Vorstoßes – und lehne dankend mittels einer unzweideutigen Geste ab. Wie sich später zeigen sollte, hätte ich vielleicht doch davon Gebrauch machen sollen, um dem jungen Mann seinerseits etwas Zuspruch zukommen zu lassen. Es war zwischendurch recht hart für ihn. Er war der Assistent des Anglers, und mit dessen Ansagen mittelmäßig überfordert, eben weil er kein Angler war. Hauptdiskussionspunkt war die Sache mit den Widerhaken. Das wollte er nicht so recht verstehen, wie das funktioniert, dass der eben immer in die andere Richtung reagiert als der Haupthaken, und dass man den deshalb nicht so einfach aus den Fingern herausfetzen kann.

Irgendwann war es auf der großen OP-Uhr halb fünf, gerade der erste Haken unter jugendlich stürmischem Junge-Männer-Jubel entfernt, und der äußerst hilfreiche Pfleger zum zweiten Mal wahrscheinlich eine rauchen gegangen. Weitere unbestimmte Zeit später – wie sich herausstellen sollte, war die OP-Wanduhr defekt – war der zweite Haken noch immer im Finger, die beiden jungen Herren, vor allem der eine – »die Hand Gottes« – zusehends verzweifelt und kein Land in Sicht.

Wie aus der Unterwelt hinaufgestiegen war in die Ratlosigkeit hinein plötzlich der Goldkettenmann neben mir, hat etwas Unverständliches gemurmelt zu den beiden sehr jungen, inzwischen sehr blassen Herren, sich zwei Gummihandschuhe aus dem OP-Schrank geschnappt, übergestreift; die beiden, die mir inzwischen gestanden hatten, dass sie keine Turnusärzte, sondern Studenten im Praxisjahr sind, sanft und bestimmt zur Seite befördert und in einem zweiminütigen Offenbarungsakt den übrigen Haken entfernt, sich wortlos die Handschuhe abgestreift, in die Tonne geworfen und sich wieder Richtung Abyss verabschiedet.

Die Erscheinung hat die beiden Jungen sehr beeindruckt. Beim Zusammennähen werden sie wieder lustiger. Nähen haben sie schon einmal gemacht, wie sie meinen. Ich stehe gerne jungen Menschen zur Verfügung, vor allem mit meinem Fleisch und Blut. Als ich das Spital verlassen habe, war es kurz vor 18 Uhr. Noch schnell zwei Weckerl und eine Cola vertilgt vor dem schönen Ort der Befreiung. Treffpunkt perfekt pünktlich erreicht. Zwei spektakuläre Kopfballtore erzielt. 4:1 gewonnen. Nächste Runde erreicht.

Familie hatte meine Textnachrichten nicht bekommen und war am nächsten Morgen sehr erstaunt über die beiden weißen Würste an meiner Hand und den Verlauf des vorangegangenen Tages.

ROLEX SWAN CUP

(JETZT ABER WIRKLICH)

Also der Angelunfall. Also die beiden Weißwürste an der Hand. Also neue Woche.

Also rewind: Anruf, mein sehr guter, immer besserer Freund aus der Gumpe. »Du musst mitkommen nach Sardinien. Regatta-Segeln. Es hat sich einer von der Crew verletzt. Kostet fast nix. Seine Versicherung zahlt.« Ich höre zu, erzähle von den Fingern, dass in einer Woche die Nähte rausmüssen (»Kein Problem. Es sind mehrere Ärzte an Bord!«), und sage zu. Nachdem ich mit meinem besten Freund konferiert hatte, der mir abgeraten hat und einmal kurz still geworden war bei meiner Schilderung der Umstände und dann sehr laut lachen musste und mich darauf hinwies, dass ich – äh – selbst verletzt bin. Stimmt, hatte ich so nicht daran gedacht. Vor allem fürs Segeln und vor allem, wenn man das noch nie gemacht hat, sei das eine top Verletzung, zwei frisch genähte Fingerkuppen auf der besseren Hand.

Ja, stimmt. Wird schon gehen. Ist eh nur Training die ersten vier Tage.

Meine Familie hat mich für wahnsinnig gehalten, mein bester Freund auch.

Und ich bin geflogen. Nicht mit meinem sehr guten Gumpenfreund, sondern allein. Eine Okkasion. Er mit ein paar anderen über Auto und München.

Wir treffen uns am Flughafen Olbia. Der Anfang einer Veranstaltung, die mich das Fürchten lehren sollte. Das war mein Plan, meiner gewaltigen Angst vor Bootsveranstaltungen abseits von Fischen und Süßwasser ins Auge zu blicken. Das hab ich getan. Es war meistens so viel Wind, dass gar nicht klar war, ob wir den Hafen verlassen werden oder verlassen werden können oder ihn überhaupt ansteuern.

Meine Fingerkuppen haben es überlebt, meine Angst auch – und meine Rolex auch. Einmal hätte ich sie bei einem hektischen Regatta-Manöver bei Starkwind beinahe den Meeresgöttern überlassen. Schließe aufgegangen und Schließenverlängerung auch. Sie ist an meinem Arm herabgebaumelt wie davor der Wounded-bream-Jerkbait von meinen Fingern. An ein Wiederschließen der Schließe war nicht zu denken. An etwas anderes als das, was gerade zu tun war, war bei sonstiger Manöver-Verhauung oder Gabelbaum-auf-den-Schädel-Bekommung nicht zu denken. Na ja, ein Gedanke hat sich schon dazwischengeschummelt: »Scheiße, gleich ist die Uhr weg. Mein Notgroschen versinkt im Meer«, und dann gleich hinterher: »Wenn, dann so und jetzt und hier und dann wird das für was gut sein.« Mehr Gedanken-Dazwischenschummeln war nicht möglich, weil hinten Gebrüll wie »Hoist« oder »Tack« oder »Maaaaast« oder »Hcast, looos!« oder »Weeeeeeeg!«.

Schön ist das beim Segeln, dass sämtlicher unnötige Sprachschrott einfach weggelassen wird. Eine Oase der verbalen Verknappung.

Die Uhr konnte ich dann doch noch retten. Nach dem halbwegs geglückten Manöver wieder auf die Reling gekrochen, unterm Gabelbaum durch, und endlich dem Kollateralschaden-Krampf zwischen kleinem Finger und Daumen im Dienste der Rolex-Rettungs-Barriere begeg-

net. Dann lange aufs Meer hinaus- und ins Meer hinein-
geschaut. Auf Delfine gehofft. Auf Essen, und auf weniger
Wind.

Also alle überlebt.

Zurück im Hafen, nach Schwumm im Hafenbecken, es
endlich zum täglichen Umtrunk der Regattateilnehmer
geschafft, mein sehr guter, immer besserer Freund aus der
Gumpe und ich. Nachdem auf sämtlichen Kleidungsstü-
cken unserer einheitlichen Seemannstracht das unmiss-
verständliche R-Wort mitsamt Krone eingestickt war, das
gleiche wie auf einer der Flaggen auf unserem Boot und das
gleiche wie auf je einer Flagge sämtlicher anderen Boote
und das gleiche wie auf fast allen Flaggen im gesamten
Hafen, sind wir nicht aufgefallen. Wären wir vielleicht sowieso nicht, weil inzwischen Seemannsbärte und gegerbte
Haut und überhaupt verwegen. Netterweise wurden uns
dort viel Bier und italienische Happen serviert, und lustige rumänische Seebären und aufgeräumte deutsche Se-
gelstudenten – und die gesamte, von Sturzglas umglockte,
neue Kollektion der Fahnensponsoren. Gewaltige, unför-
mige, protzige Monster von Uhren, mit denen man einen
Thunfisch auf einen Schlag um die Ecke bringen könnte:
Uhren für Menschen, die wollen, dass man weiß.

So eine will ich nicht einmal geschenkt. Na ja.
Wenn wir die Regatta gewinnen, bekommen wir dann
eine, oder jeder eine, oder wie jetzt?

Unser Crew-Shuttle dort war das gleiche alte Auto mit
Stern wie meins von meinem Vater, nur mit Fetzendach
und in Weiß. Angereist über Genua und Fähre, als Zwei-
sitzer das ideale Fahrzeug für die Beförderung einer zwölf-
köpfigen Crew. Im Zweifel für den Style.
Im Zweifel für den Fahrstil.

Unser Freund, der Besitzer des Shuttles, ein fulminanter Wheeler und Dealer vor dem Herrn mit großem Herzen, hat meinen sehr guten, immer besseren Freund aus der Gumpe und mich damit einmal aus einem luxusgetränkten Hafenort befreit. Treffpunkt war »neben dem am Dorfplatz ausgestellten Elektro-Bentley«. Der steht dort, damit Besucher gleich einmal wissen, was die Stunde geschlagen hat in diesem Dorf. Dagegen war unser Crew-Shuttle wie ein feuriger neapolitanischer Ristretto neben einem sehr großen, sehr milchigen Berliner Caffè Latte.

Das Gefühl der Feurigkeit hat sich am Weg nach oben zu unserer feudal gelegenen Finca (da würden sich die Italiener sicher freuen, wenn sie wüssten, dass ich ihre Villa so nenne, weil mir kein passendes italienisches Wort einfällt) noch erheblich verstärkt. Unser großherziger, gefälliger Freund hat den alten dachlosen Heuhüpfer die Serpentinen hinaufgepeitscht, als wäre Le Mans oder Paris-Dakar. Daneben haben wir Richard Strauss gehört (oder habe ich mir das eingebildet?), uns fest festgehalten und er uns erklärt, wie toll das ist, bei Nacht da rauf, weil da sieht man den Gegenverkehr wegen der Lichter so gut. Beruhigend. So kann man mit diesem Auto also auch fahren. Ich sollte einmal überprüfen lassen, warum meiner die ersten zehn Minuten immer nur mit 30 km/h und 778 Umdrehungen fährt.

Arzt war übrigens keiner an Bord. Dafür Hubertus. Ein Mann, ein Wort: »Heast«. Ich liebe ihn!
Er hat für mich sofort den Fadenzieh-Arzt gemacht, mich beruhigt und gesagt: »Des moch i da.« Hat er dann auch. Fantastisch. Einfach tun. Zwick, zieh, raus, Betaisodona druff, fertig!
Hubertus liebte die Uhren genauso wie ich und war sehr unzufrieden, dass seine, nach einem Autorennen benannte (nein, nicht Le Mans, das war früher, bzw. eine andere Uhrenfirma), sehr wertvolle Uhr nachging wie Sau, nach-

dem er sie ein halbes Jahr nicht getragen hatte. Daraufhin ich: »Leg sie in der Nacht auf die Krone.« Das hatte ich von meinem Uhrendealer Freund in jetzt Seattle formerly San Fran gelernt. So habe ich eine meiner-seiner Uhren geheilt, nachdem sie nach der Befreiung aus dem Paket nicht einmal mehr zumindest halbwegs laufen wollte. Hubertus hielt mich und meinen Uhrendealer-Freund für Scharlatane und das mit der Krone für Schwachsinn, probierte es dennoch aus, und nach zwei Tagen lief die gute Rennfahreruhr wie geschmiert und im Rahmen der bescheidenen Genauigkeitsmöglichkeiten der Kronenuhrmarke hochgenau. Vielleicht haben sie ja deshalb die Krone als Logo gewählt, als dezenten Hinweis quasi.

Unsere weniger uhrenaffinen Mitsegler haben in den folgenden Tagen einiges in Sachen Uhren zu hören bekommen und fanden besonders den Teil toll, wo es darum geht, dass diese Luxusgeräte sau-ungenau die Zeit messen und, wenn sie älter werden, noch nicht mal mehr wasserdicht sind.

Seit sie das wussten, haben sie es noch lustiger gefunden, wenn ich morgens mit meiner linken Doppel-Weißwurst-und-Uhren-Hand in der Höhe durch den Pool getrieben bin wie eine Kröte auf Urlaub.

Seither sind sie fix davon überzeugt, dass meine Uhr fake ist oder nicht wasserdicht oder beides. Wir machen gute Werbung für unseren Sponsor, heast!

EPILOG

Ich habe inzwischen (fast) alle Uhren zu meinem digitalen Uhrendealerfreund in Seattle geschickt. Bis vor Kurzem hat er in San Francisco gewohnt, dort wurde es ihm zu teuer. Hat mich kurz stutzig gemacht, bevor ich wieder in mein Vertrauen gefallen bin. Ich mag an ihm, dass er genauso respektlos mit Geld und Klunkern umgeht wie ich. Nicht kokettierend, nicht unangenehm lässig, sondern so, wie es teure, unnütze Sachen verdienen. Wenn man in Ehrfurcht erstickt vor ihnen, verwandeln sie sich in egomanische Monster, die man sich weder anzufassen noch ans Handgelenk zu binden traut. Das passiert, wenn man zu viel Wert in den Wert gibt, alles absichern und bestätigt haben will, überall einen Beweis braucht und einen Leumund und eine Referenz. Wir machen das so: Wir verhandeln auf Instagram, und wenn wir uns geeinigt haben, schicke ich ihm – inzwischen nicht mehr per PayPal oder auf sein Konto, das kostet unfassbare Mengen an Gebühren– und Banken-Gangstertum-Wechselkurswahnsinn (so wurscht ist mir mein Geld dann auch nicht) – den Knaster und er schickt mir die Uhren. Fertig. Das machen wir seit der ersten Uhr so. Und wenn etwas nicht passt, kommt ein FedEx-Mann, nimmt sie mit, und ein paar Wochen später steht er wieder vor der Tür und die Uhr ist geheilt. So mag ich das, und bis auf einmal, na ja, zweimal hat mich meine post naive no research Intuition nicht getäuscht. (File under »Mikey L« und »der Ebay-Italiener«.)

Also (fast) alle Uhren nach Seattle geschickt, besser, abholen lassen vom FedEx-Mann, weil wieder extremer Knaster-Engpass. Ich muss tausend Sachen bezahlen, die Sozialversicherung findet, dass ich jetzt wieder gut verdiene, und nimmt das zum Anlass, mich präventiv gleich wieder ins »Überziehungsrahmen-ausgeschöpft«-Rinnsal zu tunken. Sonst ist auch einiges los in Sachen Geld weg. Also: Last Exit Uhren-Exodus.

Mein Freund in jetzt Seattle kennt das schon. Er ist meistens geduldig, nur manchmal nicht, und dann sagt er, dass er viel Arbeit hat mit mir. Nach unseren ersten paar Geschäften hat er mir erklärt, dass ich ab jetzt immer seinen besten Preis bekomme, wir also nicht mehr verhandeln müssen, und dass er zwar teuer ist, aber keine Uhr verkauft, bei der er nicht mindestens drei andere an der Angel hat, die die Uhr um denselben Preis kaufen würden. Weil, wenn er eine Uhr zum Wiederverkauf zurückbekommt, möchte er dann nicht erklären müssen, dass keiner die Uhr um den ursprünglich bezahlten Preis haben will. Das hat mich überzeugt. Damals hatte ich mir noch gedacht, das ist sowieso ein fiktiver Gedanke, weil ich doch nie eine der herrlichen Uhren, die mir der FedEx-Mann bringt, freiwillig zurückschicken würde. Das hat sich schnell geändert. Mein Freund hat eine geile abstruse Uhr nach der anderen gepostet, ich ihm geschrieben, er mir zurückgeschrieben, ich Geld gehabt, kein Geld gehabt, und irgendwann sind wir in einen transatlantischen Tausch-Rücktausch-Rück-Rücktausch-L'amour-Hatscher verfallen, in dem wir uns seither befinden. Das mit der »Drei-andere-die-dasselbe-bezahlen-würden«-Regel hat sich relativ relativiert, genauso wie sein Credo, dass er an einer Uhr nur einmal verdienen will – das heißt, beim zweiten Aufguss ist er nur

Vermittler honoris causa. Ob das tatsächlich so ist, weiß ich nicht. Ich zahle inzwischen manchmal für den FedEx-Mann, obwohl der eigentlich inkludiert ist (wobei, eigentlich nur, wenn man kauft, und nicht, wenn man zurückschickt zum Wiederverkauf), und der ist teuer, sehr teuer. Trotzdem vertraue ich darauf, dass sich das insgesamt zwischen uns und für mich ausgeht. Dass es sich für ihn ausgeht, davon bin ich überzeugt. Obwohl – Umzug nach Seattle? Vielleicht rechnet er ja, ähnlich wie ich, mit der Sonne im Herzen und dem Wunsch um den Hals, dass es sich für alle ausgehen möge – was es eigentlich nicht kann. Sonst würde ja niemand Geschäfte machen. Hm. Jedenfalls verstehe ich, dass er viel Hacke hat mit meinen Uhren und unserem Hin und Her, und dass die Welt, so wie sie sich gerade dreht, die Drei-Personen-Regel aus den Angeln gehoben hat. Schon wieder mit der Sonne im Herzen ins Verständnis gehüpft.

Ich war einmal bei einer Business-Coach-Dame. Dort habe ich viele Kuchenstücke gezeichnet, die mir mein Leben erklären sollten, und eine Sache besonders mitbekommen: Sie hat gemeint, ich solle »aus dem Verständnis heraussteigen« in geschäftlichen und eigentlich auch in privaten Angelegenheiten. Für meinen Sonne-im-Herzen-Geist eine brutale Angelegenheit. Nach mehrmaligen weiteren Auf-dic-Schnauze-Fallungen, trotz eingehender Kuchenstück-Analyse, habe ich mich dann auf die Wanderung aus dem Verständnis heraus zu meiner eigenen ehrlichen Wahrheit hin begeben. Klingt melodramatisch, ist es nicht. Es war ein oft anstrengendes Mich-wo-Hinschleppen, entgegen meiner eigentlichen vermeintlichen Überzeugungen. Bis es irgendwann leichter wurde und ich mir den inneren Vorwurf, am Weg zu einem barbarischen Leben zu sein, abgestreift habe, in mühevoller Kleinstarbeit, inklusive Verfilzungen, Läusekur und Jammertal. Man ist kein Barbar, wenn man auf sich schaut. Umgekehrt wird man, wenn man lange genug nicht auf sich schaut, ein indirekter Barbar, ein Auto-Kannibale, der von seiner eigenen Gutmenschlichkeit verspeist wird und dann erst recht niemandem mehr dienlich ist, inklusive sich selbst.

Wenn in einer Beziehung, besser: bei einer Begegnung am Ende jeder ohne den Funken eines schlechten Gefühls bleibt, dann ist die Begegnung gelungen. Das habe ich in meiner sehr tollen familientherapeutischen Ausbildung gelernt. Das heißt für mich, beide schauen auf sich und nicht einer besonders und der andere auch noch darauf, dass auf den einen besonders geschaut wird. Dann beschämt nämlich in Wirklichkeit der Gebende den Nehmenden, weil der ja vielleicht eben auf sich selbst schaut und dann viel zu viel von dem Schauen abbekommt. Und der andere trocknet aus vor lauter Auf-den-anderen-Schauen und wird wütend, auf den anderen oder meistens auf sich selbst. Das ist keine Begegnung, bei der kein Funken eines schlechten Gefühls bleibt. Da denkt sich vielleicht der eine, so ein Schleimer, und der andere, so ein Egomane, oder beide, so ein Opfer. Deshalb: raus aus dem Verständnis, rein in die Auseinandersetzung mit dem, das gerade in diesem Moment am gemeinsamen Tablett liegt. Dass ich mir über meinen Uhrendealer in jetzt Seattle Gedanken mache, ist genau so etwas. Der wird schon wissen, was er tut, ich muss es nicht verstehen. Und wenn er es nicht weiß, werde ich es erfahren, wenn er findet, ich solle es erfahren oder vielleicht sogar will, dass ich irgendetwas tue.

Exkurs »Psychologie heute« beendet.

Weil die Situation war so, wie sie war.
Notfallplan 1. Uhren verkaufen via Seattle. Da sich aber die Welt, nachdem sie dem Corona-Würgegriff zumindest kurzfristig entkommen war, in einen Krieg manövriert

hat, sitzt das Geld selbst bei denen nicht mehr so locker, bei denen es eigentlich locker sitzt. Moderne Luxusuhren sinken massiv im Wert, was nicht heißt, dass sie nicht trotzdem noch schwindelerregend hoch über dem empfohlenen Händlerpreis balancieren. Die alten Geräte, so wie meine, sind zwar stabil im Wert, aber nicht mehr so aufgeganselt unterwegs wie in der manischen Hochphase der inzwischen zerschellten Bitcoin-Goldgräber-Blase. Mein sehr guter, immer besserer Freund aus der Gumpe hat einen sehr guten alten Freund, und der leitet eine Bank, und die hat ein sehr schönes Palais, und wie ich später auch erfahren sollte, eine dazugehörige, sehr große und sehr labyrinthige Tiefgarage.

Wir telefonieren, ich werde ins Palais geladen und schleppe mich, hungrig und abgekämpft vom Tiefgaragenplatzfindekampf, dorthin – um im Altwiener Paradies zu landen. Wir sitzen im Prunksaal des Palais, der Tisch ist so feudal gedeckt wie in der »Fledermaus«, die ich am nächsten Tag mit meiner Familie in einem Opernhaus betrachten werde, nur ohne Wodka – zum Glück. Es werden uns Speisen aus dem darunterliegenden Etablissement kredenzt, wir besprechen die Lage und beschließen im letzten Moment, doch keinen Wein zu trinken. So lässt es sich auch leben. Ich liebe es. Der zentrale Rat des liebreizenden Bankdirektors, der selber eine starke Affinität zu Zeitmessgeräten, bei denen es nur marginal um die Zeitmessung geht, hat, lautet, wie sich herausstellt: »Behalt die Uhren. Wir leihen dir Geld.«

Ich bekomme eine Stunde in der der Bank gehörenden (»Ein gutes Geschäft«, meint der Bankdirektor) Parkgarage geschenkt, zahle die anderen beiden selbst und verliere am Weg, wie gesagt, eine Schuhsohle meines sorgsam gehegten und für den Anlass ausgewählten Safari-Turnschuhs (erster Re-Issue von ca. 1998), nachdem ich das neben der

Garage gelegene Kaufmuseum für bieder-gediegene Le-
benskunst besucht und drei Kleinigkeiten erstanden habe.
Schuhsohle in die Jackentasche gesteckt, mich aus der Garage geschlängelt, das Leben geliebt – und diese unfassbar
schöne Stadt.

Im November, drei Tage nach meinem 50. Geburtstag,
werde ich in New York aufgetreten sein, in einem kleinen
Club namens »Pianos« – ohne Piano.
Ich habe meinen amerikanischen Freund aus jetzt Seattle
eingeladen. Er wäre sofort gekommen, meint er, wäre da
nicht der Truthahn im Weg. Thanksgiving. »Eine harte
Woche«, meint er noch. Ich überlege einstweilen, welche,
und ob überhaupt ich eine meiner, ehemals seiner Uhren
umschnallen soll für die Reise, oder ob das zu gefährlich
ist. Ist es in New York überhaupt noch gefährlich? I'm
stuck in the 90's. Ich sollte wirklich einmal auf Kur gehen.

```
YOU START TO BE OLD
WHEN YOUR TEETH TURN GOLDEN
YOU START TO BE OLD
WHEN YOUR COLORS FADE
YOU START TO BE OLD
WHEN YOU TAKE WALKS IN THE SUNSHINE
YOU START TO BE OLD
WHEN YOU CONCENTRATE
```

EPI-EPILOG

Ich bin gerade aus New York zurückgekommen. Habe dort ein verdammt gutes Konzert vor verdammt wenigen Menschen gespielt und auf der Lafayette Street riesige (!!!) Billboards mit Werbung für die digitale Gewänder-Feilbietungsplattform meiner Freunde gesehen. Und in Second-Hand-Läden alle möglichen Dinge, die ich auch einmal hatte, zu abstrusen Preisen; die Turnschuhe alle in Zellophan gewickelt und mit QR-Codes versehen, damit man den Preis scannen kann. Das sagt alles, ich habe es nicht probiert. Angst vor Internet-Roaming und Versuchung.

Am Flughafen habe ich dann meinen alten Sammler-Freund aus dem Museum getroffen, für den ich einiges von seinem Helmut-Lang-Archiv verkauft hatte. Er ist inzwischen auf einem anderen Dampfer und kutschiert darauf durch die 20er-Jahre. Die stehen ihm extrem gut. Sollte ich vielleicht auch versuchen, nur bin ich dafür zu groß und zu stylingfaul. Basketballermode wäre eher was für mich.

Was mir mein jetzt 20er-Jahre-Freund auch erzählt, ist, dass endlich die museale Helmut-Lang-Ausstellung losgeht. Er ist begeistert vom Geschick des Herrn, der sein

HELMUT L.

AUTHORIZED
SIGNATURE

gesamtes Archiv auf drei Museen aufgeteilt hat, jede Bewegung jedes eingelagerten Teils persönlich bewilligen muss und keine Lagerkosten zahlt.

Ich erzähle ihm vom ad acta gelegten Helmut-Lang-Dokumentations-Plan und vom Feedback der Jury, Helmut Lang sei international zu irrelevant für so eine Unternehmung. Das findet er lustig. Ich auch. Und ich merke, dass das Uneigentliche irgendwann zum Eigentlichen geworden ist bei mir, und dass es Zeit für etwas neues Uneigentliches ist.

Kanye West hat sich längst in Richtung
rechtes Aus verabschiedet.

Will ich jemals noch mal dieselbe Jacke wie Kanye?

Gerade noch einmal hinabgestiegen in den Jacken-Ring, auf der digitalen Plattform meiner Freunde. Will einem sehr jungen Mann aus Amerika, inzwischen ist er vielleicht 19, dem ich eine Jacke verkauft hatte, diese zum wiederholten Mal, für sehr viel mehr Geld, zurückabkaufen.

Antwort: »Move on. Grow up. Find god.«

Gute Idee.

SONGZITATE